LE STYLE LAURA ASHLEY

Iain Gale & Susan Irvine

Traduit de l'anglais
par Michèle Albaret

Chêne

ISBN 2.85108.511.5
Dépôt légal n° 4358 - octobre 1991
34/0718/6

Imprimé en Italie

SOMMAIRE

PRÉFACE

Aux yeux de bien des gens, le style de Laura Ashley se résume aux petits imprimés fleuris de ses débuts qui ont orné tant de chambres inspirées de l'époque victorienne. Les pages suivantes prouveront au lecteur que ce n'est là qu'un aspect d'une... histoire éternelle. Spécialisée dans la reproduction de créations appartenant à des époques révolues, la maison Laura Ashley s'ancre profondément dans l'histoire de l'art et du design. Nous préférons, en effet, puiser notre inspiration dans le passé car nous croyons que les créations ayant surmonté l'épreuve du temps sont autant de gages de qualité et de longévité. Ainsi certains chapitres de cet ouvrage sont-ils consacrés à l'histoire du design et de la décoration, histoire ayant directement motivé nos recherches, soit qu'elle nous ait inspiré une reconstitution authentique, soit qu'elle nous ait servi de catalyseur pour appréhender de nouvelles idées. Toutefois, si l'inspiration de Laura Ashley prend sa source dans le passé, il convient de souligner que ses réalisations participent véritablement de notre présent. Que vous choisissiez des imprimés fleuris ou des murs sobrement peints, le but recherché est, dans les deux cas, identique : il s'agit de tisser une atmosphère chaleureuse, accueillante, élément clé de la décoration d'un véritable foyer. Or,

pour Laura Ashley, une telle ambition n'a de sens que dans le respect du confort.
Prenez en compte vos priorités : famille, animaux, santé, arts, divertissement ou rêverie... et organisez votre demeure en fonction de ces impératifs. La singularité de vos goûts définira alors, le plus naturellement du monde, une ambiance d'élégance, qui sait ?, de charme ou de gaieté... Au fil du temps, certes, les enfants grandiront, vos intérêts se transformeront et il vous faudra modifier votre environnement. N'ayez crainte, nous avons songé à tout cela et nos collections se prêtent à merveille à cette évolution logique, de sorte que votre décoration reflètera votre changement de vie.
Le style Laura Ashley ne demande pas à être imité ou recopié servilement. Son ambition véritable, c'est de proposer le style le mieux adapté à l'environnement afin de souligner le caractère et le charme profond d'une pièce ou d'une maison tout en respectant le mode de vie et la personnalité des occupants. Que vous habitiez une demeure historique ancienne ou un appartement ultra-moderne, j'espère sincèrement que cet ouvrage sera pour vous un guide agréable et riche d'inspiration quant aux possibilités infinies qu'offrent design et décoration.

Nick Ashley.

NAISSANCE D'UN STYLE

Partout dans le monde, le nom de Laura Ashley symbolise une conception du design novatrice, unique et pleine de richesse. Le magasin de Oxford Circus, superbe avec son imposante façade, se situe au cœur même du West End de Londres, l'une des grandes capitales européennes du « shopping ». Ouverte au public en 1985, cette boutique démontre combien la philosophie Laura Ashley influence désormais jusqu'au design des commerces. À l'intérieur de ce temple « ashleyien », on a utilisé un acajou de très belle qualité pour les étagères, vitrines et autres éléments de boiserie. Bouquets de fleurs et musique concourent à créer une atmosphère paisible et digne d'un manoir où il fait bon étudier les mille et un vêtements présentés, ou même les décors exposés. Encore une fois, Laura Ashley a su imaginer un havre de paix, projet qui tenait de la gageure en plein centre commercial de Londres !

« Clématite sauvage » : les premières créations de Laura Ashley, inspirées du passé, jouaient souvent, comme ici, d'une inversion des couleurs du fond et des motifs. Ainsi, ces clématites trouvées sur la page de garde d'un livre victorien.

Laura Ashley était un être aux multiples facettes : romantique, sentimentale, une femme de traditions. Cédant à cette tendance un peu nostalgique, elle redonna poésie et fantaisie à la vie quotidienne, libérant ainsi le design du chrome, des plastiques et des fibres synthétiques. « J'aime les intérieurs aux couleurs passées, ils me paraissent d'autant plus beaux », écrivit-elle un jour. « J'adore les pièces fraîchement décorées qui ont l'air "patiné". Je raffole des patchwork fait main, des travaux d'aiguille, des vieilles couvertures, de la dentelle et des draps blancs amidonnés (sans oublier les fers à repasser anciens). J'ai toujours eu une préférence pour les sols dallés d'ardoise, encombrés de bottes en caoutchouc, envahis par les enfants, les chiens, mais je me suis toujours efforcée de maintenir le rituel de la salle à manger ainsi qu'une paix souveraine dans des chambres confortables. Ce sont ces détails qui transforment un environnement en authentique foyer. »

Le foyer : mot magique, clef des valeurs et de la philosophie de Laura Ashley. L'intérieur selon elle peut être simple, modeste, grandiose et plein d'audace, habillé d'humble cotonnade ou de richissime damas, mais il sera toujours confortable et accueillant. Comment s'étonner donc si cette fabuleuse multinationale du textile et du design, illustration exemplaire de la réussite britannique d'après-guerre, a vu le jour sur la table de cuisine de Laura et Bernard Ashley, quelque part dans une mansarde de Pimlico, à Londres, avec un capital initial de... dix livres sterling ?

L'histoire se passait en 1953. Tandis que Bernard Ashley partait travailler à la Cité, sa jeune femme Laura fabriquait, à ses moments perdus — pourtant rares ! — des sérigraphies de napperons et de foulards qu'elle comptait vendre ici et là, dans les grands magasins ou dans quelque boutique. Peu à peu, la famille s'agrandit (les quatre enfants Ashley sont aujourd'hui tous liés à l'entreprise) et l'affaire familiale aussi, d'une manière cependant nettement plus... cahotique. On s'installa dans un rez-de-chaussée, et Bernard Ashley mit au point un système de teinture et d'impression d'un emploi plus souple. Laura ajouta alors des tissus de robe à sa gamme de production. Bernard quitta son travail pour s'occuper de la gestion. Le tandem Ashley ne roulait pourtant pas sur l'or. Il y avait tout juste assez d'argent pour embaucher Bert, peintre en difficulté qui se chargea des imprimés.

Au fil des mois, une évidence s'imposa à Laura Ashley : il lui fallait retrouver ses racines, sa campagne. La famille quitta donc Londres pour un délicieux cottage du Surrey serti dans un verger, ouvert sur les champs. C'est là, dans cette atmosphère tranquille, tandis qu'une jeune femme se penchait sur des livres des XVIIIe et XIXe siècles, collectait des échantillons de vieux patchwork et copiait des motifs destinés à orner porcelaines et céramiques, que naquit le style Laura Ashley. Dans le même temps, les Ashley fondèrent, à quelques kilomètres du cottage, une usine dans une remise capable de contenir machines et stock. La clientèle étrangère commença à s'intéresser aux projets des Ashley et, malgré un capital toujours maigre, l'entreprise se mit à prospérer.

En 1957, ce fut la catastrophe. Une inondation dévasta l'usine, détruisant les moteurs électriques et endommageant les tissus. Les eaux

prirent de délicates teintes rose et lavande. Ce fut une sérieuse épreuve, dont Laura Ashley profita pour regagner son pays de Galles natal et ses collines. Il fallut néanmoins choisir entre une usine et une maison. Les Ashley vécurent ainsi sous une tente pour épargner l'argent nécessaire à la location d'une drôle de demeure à Machynlleth, dans le Montgomeryshire. Quant à l'usine, ils l'établirent dans les environs immédiats, à Carno.

Laura Ashley et le pays de Galles vécurent une longue et heureuse histoire. Au début, toutefois, les habitants de Carno manifestèrent quelque méfiance. « Les Gallois ont toujours été des gens réservés, avoue Bernard Ashley. Pendant un certain temps, ils ont observé, par-dessus la clôture, cet Anglais bizarre installé avec ses vieilles machines dans une grange de Carno. » Mais les Gallois ne demeurèrent pas longtemps de l'autre côté de la clôture. Bientôt, les Ashley employaient une dizaine d'artisans et les ventes se montaient à mille livres sterling par semaine. Parallèlement à de faibles frais généraux, la production restait limitée. En revanche, les contrôles de qualité étaient rigoureux. Au fil des années soixante, la gamme des produits Laura Ashley s'élargit et bientôt le public commença de reconnaître sa signature, son style. D'année en année, l'affaire familiale connut une expansion croissante.

En 1968, les Ashley, las des détaillants oublieux de leurs factures, ouvrirent leur première boutique sur Pelham Street, à Londres. En 1984, les dix livres d'investissement initial rapportaient déjà un revenu annuel de plus de cent millions et en 1986, la firme pouvait s'enorgueillir de plus de deux cents établissements implantés dans le monde entier.

Pourtant, le succès n'a point tourné la tête de l'entreprise Laura Ashley. Elle reste fidèle à cet artisanat traditionnel dont s'inspirent ses productions. Ses premiers tissus n'étaient-ils pas teints et imprimés sur des machines presque identiques à celles utilisées un siècle auparavant ? Certes, Laura Ashley a toujours eu le goût de l'éclectisme ; elle ne s'est jamais fermée aux influences nouvelles. Cependant, elle n'en a pas pour autant trahi les valeurs auxquelles elle tenait : la famille et le foyer.

Peut-être Laura Ashley a-t-elle trouvé sa source d'inspiration dans les cotonnades chères au XIXe siècle ? Dans ces tissus de robe, elle a découvert une large variété de motifs floraux monochromes sur fond de pois ou de rayures, reflets des riches soieries de l'époque. Ces imprimés, utilisés pour les premières robes Laura Ashley, continuent à s'inscrire dans les collections de prêt-à-porter de la maison.

En matière d'ameublement, Laura Ashley choisit tout d'abord des cotonnades rustiques, naïves, réalisées à partir de matières naturelles et ornées de motifs traditionnels de couleurs vives. Ce style est toujours présent dans les collections actuelles mais, en 1983, avec l'apparition de tissus de coton plus épais dans la décoration des salons, Laura Ashley prend un nouveau virage. En effet, le public, qui confinait jusqu'ici ces textiles aux salles de bains et aux chambres, s'emploie maintenant à en

Le pays de Galles, ses collines douces et ses vallées verdoyantes ont eu une profonde influence sur la vie et l'œuvre de Laura Ashley et demeurent, aujourd'hui encore, la clé de la philosophie de l'entreprise.

décorer les autres pièces de la maison. Dans ses récentes créations, Laura Ashley a opté pour des références plus nobles. Les tissus baptisés « Florentina », « White Bower », « Mr Jones » et « Antoinette » s'inspirent en effet des palais florentins, des soieries lyonnaises du XVIIIe siècle et du grand artiste-décorateur et architecte victorien, Owen Jones. Autant d'étoffes qui reflètent une fascination croissante pour le passé, une obsession éblouie pour les superbes collections des riches manoirs anglais et les archives de musée.

Les couleurs sont également l'une des composantes majeures du style de l'entreprise familiale. Laura Ashley n'a jamais eu pour but que l'équilibre harmonieux des couleurs et des imprimés entre papiers et tissus. Ses premières créations, de nuances vives, jouaient souvent d'une inversion des couleurs du fond et des motifs, offrant ainsi la possibilité d'une coordination monochrome. À mesure que la collection prit de l'ampleur, on ne se contenta plus d'assortir les couleurs ; on chercha à améliorer les coordonnés, ce qui permit aux intérieurs de traverser sans risque modes et caprices. Ce style s'apparente de fait à un type de décoration connu en Europe sous le nom de *déshabillé anglais* que John Fowler rebaptisa « élégance discrète ». Décoration qui s'inspire du passé et ressuscite des éléments de l'aménagement intérieur britannique des années 1670.

Cependant les collections Laura Ashley n'ont rien d'une reconstitution historique, même si l'élaboration de leurs motifs a exigé de longues et laborieuses recherches. En réalité, Laura Ashley a cherché les moyens de transformer le rêve en réalité, de distiller chaleur, élégance discrète et charme dans ces foyers britanniques trop longtemps envahis par ce que Richard Hoggart appelait « le modernisme des grandes surfaces [...] tout en vilain placage, mal vernis [...] avec de ces horribles poignées de porte en plastique ; ces appliques murales ridiculement tarabiscotées, ces tables en métal repoussantes, aux couleurs criardes écaillées : toc et clinquant ».

Face à ce parti pris du bon marché et de l'éphémère, Laura Ashley a donné à toute une génération le goût de la délicatesse. Depuis sa table de cuisine, à Pimlico, elle a révolutionné en profondeur le design moderne.

LE STYLE
RUSTIQUE

LE STYLE RUSTIQUE

Traditions d'Antan

Durant l'ère victorienne, nombre d'artistes tels Myles Birket Foster et Henry Silvester Stannard réalisèrent de ravissants tableaux représentant une campagne anglaise au charme étonnamment rustique. Intitulée Sailing the Boat (Promenade en bateau), *cette œuvre de Stannard dépeint le cottage idéal et son toit de chaume, ses colombes, la cheminée dont la fumée évoque chaleur et confort et un jardin envahi de marguerites, de roses trémières et autres fleurs romantiques.*

Depuis deux siècles maintenant, le cottage appartient aux rêves qui ont bercé l'âme anglaise. Sous les paupières flegmatiques des Britanniques frissonne l'image émouvante d'une paisible demeure campagnarde, au toit de chaume, à la façade envahie de roses odorantes. Il suffit de pousser une porte simplement fermée d'un loquet pour découvrir un intérieur où perdure un charme désuet.

Il s'inscrit sur les matériaux naturels : bois ou pierre, bronze ou laiton ; il s'exhale dans la cuisine où trône la cheminée, où s'organise une batterie de casseroles et des poêles. On le retrouve devant ce vaisselier fraîchement ciré qui exhibe une collection de poteries anciennes, devant la table en chêne massif recouverte d'une nappe à carreaux où une main de femme a posé la théière fumante et la miche de pain frais.

Dans le salon fleurant le feu de bois, les murs sont tendus de papier à motifs floraux dont les couleurs douces rappellent les teintes des rideaux de coton. Dans la petite chambre mansardée, un lit de fer sous lequel un pot de porcelaine adresse un clin d'œil malicieux à un passé récent ; sur les rebords de fenêtre, des vases remplis de fleurs séchées patientent.

Les charmes d'une existence rustique ont toujours eu de nombreux adeptes, qu'il s'agisse de Thoreau dans sa cabane en bois au bord de l'étang de Walden ou de l'aristocratie française, toujours éprise d'un mode de vie où le style se doit d'être simple. Cependant, c'est l'Angleterre victorienne qui s'attacha tout particulièrement à vanter le bonheur d'un retour à la nature. Aujourd'hui, ce rêve idyllique a pris des allures de réalité. Chaque week-end, des milliers de citadins renouent avec la tradition, tradition quelque peu modifiée par des inventions telles que la voiture ou le téléphone et qui n'a qu'un lointain rapport avec les conditions d'existence des paysans d'autrefois...

LES RÉALITÉS D'ANTAN

Dans son dictionnaire de la langue anglaise de 1755, le docteur Johnson définissait le cottage comme une « cabane ou masure »! Définition surprenante qui nous pousse à nous interroger, à en revenir aux temps reculés de la féodalité.

À l'époque des Saxons, la grande majorité des paysans vivaient dans la grande salle du château. Il fallut attendre l'arrivée des Normands pour que le vilain construise son propre cottage, minuscule cabane au toit de paille, de jonc ou de bruyère. Au XVIe siècle, le voici qui bâtit une réplique miniature de cette grande salle où jadis s'entassait la domesticité : murs de terre, charpente de bois, toit de chaume.

C'est au début du XIXe siècle que se manifesta un engouement certain pour des peintures représentant la vie quotidienne dans l'Angleterre pré-victorienne. Certes, ce May Day *de S. Hayllar semble fort éloigné de la réalité, mais il n'en montre pas moins des éléments de décoration rustique tels les chaises cannées, le dallage, le vaisselier peint arborant assiettes et cruches, les récipients en terre cuite, les chandeliers tout simples et jusqu'au gâteau de miel qui fleure bon la campagne.*

Le plan de l'habitation est d'une simplicité spartiate ; il s'ordonne autour d'une pièce unique coiffée d'un étage et organisée en fonction d'un foyer ouvert où le feu brûle à longueur d'année. C'est là que se prépare la cuisine et, au-dessus des flammes, la nourriture mijote dans quelque pauvre marmite. Le soir, la famille se réunit autour de l'âtre et la place d'honneur revient aux aînés. Les incendies sont très fréquents, d'autant que le chaume sur le toit et la jonchée sur le sol s'embrasent aisément. Le mobilier est rare : des tréteaux et une planche constituent la table autour de laquelle sont rangés quelques tabourets. Pour fabriquer ces meubles rustiques, on utilise généralement le chêne dont la solidité s'accommode bien du rude climat anglais. Enfin, dans ces intérieurs, peu de lumière : le jour passe par une mince ouverture fermée par des volets d'osier ou par des peaux de bête.

Pourtant, c'est ce type de cottage qui va marquer l'habitat rural britannique durant cinq siècles. Il subit, naturellement, quelques modifications, quelques améliorations. Au XVIe siècle, par exemple, les fenêtres vitrées font leur apparition, mais les minuscules carreaux en verre de mauvaise qualité ne fournissent guère plus de lumière que les anciens volets d'osier ! À l'étage, apparaissent aussi les lucarnes : il est désormais possible de transformer la chambre en atelier. C'est à la même époque que l'on a recours aux cheminées extérieures tandis que se répand l'usage de la cheminée murale, précautions destinées à réduire les risques d'incendie.

Néanmoins, les éléments de confort n'abondent guère. Au mieux, les étagères se garnissent de quelques bassines, de gobelets, d'assiettes en bois ou en étain, de chandeliers. En guise de décoration, les murs arborent peut-être quelques pans de papier fleuri, puisque c'est au XVe siècle que l'on apprend ainsi à imiter les dessins du tissu. Le plus souvent cependant, les cottages accueillent une douzaine ou plus de malheureux qui se serrent dans une misérable cabane battue par les vents et dont les murs de torchis et le toit de chaume n'offrent qu'une maigre protection contre les pluies glaciales.

La Royal Lodge que John Nash construisit en 1813 pour le Régent dans le Grand Parc de Windsor marque l'apothéose du cottage orné. Ce style architectural inspiré du pittoresque et fort en vogue au début du XIXe siècle se retrouve également dans les œuvres de Hope, Wyattville, Soane et Repton. Ici, la profusion des détails gothiques, les salons d'apparat, les toits artistement pensés dans un but décoratif plutôt que fonctionnel ainsi que les pelouses et jardins savamment agencés montrent à l'évidence que, pour s'être inspiré du cottage paysan, John Nash n'en était pas moins éloigné d'une réalité autrement plus sombre.

LE RETOUR À LA NATURE

Ce noir tableau, les riches propriétaires du XVIIIe siècle n'y songent point. Ils se piquent de romantisme, chantent les joies de la vie « rustique ». La mode est aux anciens. En littérature, le jardin d'Eden redevient un cadre privilégié. On relit Virgile, Théocrite, fort imités durant la Renaissance, qui, de leur vivant, avaient dépeint avec art les charmes d'une existence pastorale où bergers et bergères coulent, dans une paix idyllique, des jours heureux. Déjà, au XVIIe siècle, Shakespeare, dans *Comme il vous plaira* et *Le Conte d'hiver,* avait souligné l'antagonisme entre Cour et campagne.

L'une des toutes premières illustrations du cottage orné cher au XIXe siècle a été la laiterie rustique de Hamels Park, dans le Hertfordshire. Construite par Sir John Soane en 1781 et aujourd'hui disparue, cette laiterie fut la réplique britannique du Hameau de Marie-Antoinette. Malgré sa conception indéniablement néo-classique, cette structure est pourtant empreinte, avec ses rotondités et ses fenêtres à treillis, d'un caractère rustique.

Pour l'heure, les milieux culturels se détournent des extravagantes dorures du baroque pour savourer le naturel. Inspirés par la vision arcadienne d'artistes comme Salvator Rosa et Claude Lorrain, des propriétaires fortunés tels Henry Hoare de Stourhead, dans le Wiltshire, cherchent à recréer l'âge d'or en installant dans les parcs de leur propriété lacs artificiels, sentiers tortueux, temples et statues. Ainsi, aux yeux du célèbre paysagiste Lancelot « Capability » Brown, la beauté tenait-elle à la nature qu'il restituait par de savants arrangements. Bien entendu, le résultat se révélait parfaitement artificiel et onéreux ainsi qu'en témoignent les cottages rustiques qui faisaient leur apparition, flanqués de ces grottes et de ces folies chères au mouvement pittoresque; folies d'ailleurs totalement inconfortables, comme en atteste le cottage gothique d'Alfred's Hall à Cirencester. Conçu en 1721 par le poète Alexander Pope, il visait à renouer avec l'Antiquité sans que fût prise en compte la moindre notion de confort.

En France, Marie-Antoinette n'échappa pas à cette mode. Elle fit construire dans le parc de Versailles ce petit Hameau qui rassemble autour du Grand Lac une dizaine de maisonnettes en torchis, à toits de chaume ou de tuile plate, ainsi qu'un moulin. À l'intérieur des habitations, les murs étaient recouverts de papier à motifs floraux, de couleur rose, violette... Ici et là, des fissures artistement pensées concouraient à accentuer l'aspect d'une demeure ancienne. C'est dans ce décor faussement vétuste que la reine de France jouait à la bergère, à la fermière, tandis qu'à quelques centaines de mètres seulement se dressait l'imposante silhouette de son magnifique château.

Néanmoins, c'est au début du XIXe siècle, avec le « cottage orné », que le culte du pittoresque atteignit son apogée. Le meilleur exemple en est sans aucun doute le pavillon connu aujourd'hui sous le nom de Royal Lodge, que l'architecte John Nash réalisa en 1813 dans le grand parc de Windsor pour le Prince-Régent. Ce style allait d'ailleurs connaître une vogue telle que son influence ne se limita pas aux cercles aristocratiques du pays. Il toucha aussi la bourgeoisie. Dans *Raison et sentiments* de Jane Austen, lorsque l'un des personnages s'exclame : « Pour ma part, j'aime excessivement les cottages. Ils offrent toujours tant de confort, tant d'élégance... », il est loin de penser aux masures des paysans ou des ouvriers ! On devine aisément qu'il fait allusion aux ravissantes maisons qui parent désormais faubourgs et campagnes. En

Ce tableau, The Foreign Guest, *peinture de genre signée Frederick Daniel Hardy traite de manière relativement réaliste le thème du cottage, et l'intérieur paysan fourmille de détails intéressants : ici, l'immense cheminée coiffée d'une riche collection de trésors, d'objets usuels. Là, devant l'âtre, la chaise paillée voisinant avec une simple table en chêne recouverte d'une modeste nappe blanche ; et si les fenêtres sont nues, on remarque, jetée sur le berceau, une couette, superbe patchwork coloré. Quant à l'hôte inconnu, le fameux* foreign guest, *il apporte une commode peinte, autre symbole de la grande tradition rustique.*

ces temps-là, les ornementations gothiques et les fenêtres enchâssées dans le plomb symbolisaient le plus pur chic de la Régence ! Endsleigh, l'une des demeures les plus remarquables du XIXe siècle, sur les collines superbes dominant la rivière Tamar dans le Devon, illustre parfaitement notre propos. Construite en 1810 par Sir Jeffry Wyatville, neveu de James Wyatt, pour le duc de Bedford qui désirait un vaste « cottage orné », Endsleigh répond exactement aux aspirations sophistiquées de la classe moyenne de l'époque.

Ce style allait bientôt toucher la décoration comme l'habillement. Il était fréquent de croiser au hasard des rues des gentilshommes en tenue d'équitation, alors même qu'ils n'avaient jamais approché l'ombre d'un cheval ! Quant aux peintres, ils se voyaient contraints de portraiturer leurs clients assis sur des chaises rustiques à demi dissimulées sous quelque vieux tissu écossais.

Dans le reste de l'Europe, la mode, bien que pour des raisons différentes, suivit une trajectoire parallèle. Waterloo sonne le glas de l'épopée napoléonienne, mais vingt années de guerres incessantes ont ruiné le continent. L'austérité s'impose. L'Autriche et l'Allemagne innovent le style Biedermeier, du nom d'un personnage mythique incarnant le bon bourgeois allemand du début du XIXe siècle. Les artisans reviennent à des valeurs nationalistes. On rejette toute influence française pour travailler avec des matériaux du pays et on compense la simplicité des bois par une grande variété de formes pleines de fantaisie.

Curieusement, ce retour à un naturel sophistiqué se manifesta en des temps où se perdait l'art de construire d'authentiques cottages. D'ailleurs, on a d'autres préoccupations. L'Angleterre se lance en effet dans des programmes de logements destinés aux manœuvriers et aux paysans. Philanthropie, songeront d'aucuns face à cette noble entreprise. Pourtant, la réalité est tout autre !

Dès la première moitié du XVIIIe siècle, les grands propriétaires terriens, soucieux de l'ordonnance de leurs parcs, virent d'un mauvais œil la prolifération de cottages qu'ils jugeaient contraires aux règles du bon goût. Ils envisagèrent donc la construction de villages modèles. En 1702, Lord Orford donnait l'exemple à Chippenham ; bientôt, le célèbre Robert Walpole l'imitait qui, en 1724, faisait édifier à New Houghton une série de cottages en brique rouge qui furent alloués aux manœuvriers de la région. En 1773, l'architecte William Chambers établissait les plans de Milton Abbas, dans le Dorset, village auquel « Capability » Brown allait ajouter, un peu plus tard, de ravissants toits de chaume. Le grand Robert Adam en personne ne resta pas à l'écart de telles entreprises, qui bâtit en 1770, Lowther en Cumbria. Convaincu sans doute que le mouvement ne prenait pas une ampleur suffisante, Sir Uvedale Price, riche propriétaire terrien du Herefordshire et auteur de *Essay on the Picturesque,* exhorta en 1794 les classes aisées à ériger davantage de villages modèles. Selon lui, il y avait là une « source d'amusement et d'intérêt ». Une telle incitation résume à merveille le but de l'opération : il s'agissait d'un caprice intellectuel du même ordre que celui qui avait poussé les aristocrates à orner leurs parcs de temples classiques et de fausses ruines.

Il importe toutefois de souligner les motifs d'ordre économique qui, dans bien des cas, sous-tendaient cette entreprise. À Harewood, dans le Yorkshire, les cottages à deux étages devaient également servir d'atelier aux ouvriers spécialisés dans la confection de rubans. On alla jusqu'à publier des livres fourmillant de plans de logement ; mais rares étaient les propriétaires véritablement soucieux du bien-être de leurs employés. Ces derniers vivaient en effet dans des conditions toujours aussi précaires. À Milton Abbas, chaque cottage accueillait quatre familles et une quarantaine de personnes devaient donc s'accommoder, vaille que vaille, de quatre malheureuses pièces ! La porte d'entrée ouvrait directement sur un salon où l'on ne se réunissait que pour les grandes occasions. Là se dressaient le vaisselier, la cheminée sur laquelle on avait disposé quelques objets décoratifs ; sur le sol, un vieux tapis usé ; aux murs, quelques proverbes ou quelques citations de la Bible brodés sur une pièce de tissu. La véritable salle de séjour était en réalité située au fond du cottage ; près de l'évier de pierre, on rangeait les ustensiles en fonte épaisse. Cet inconfort prévalut jusqu'au milieu du XIXe siècle. Alors seulement commença-t-on à chercher un équilibre entre esthétique et réalités. À Old Warden, dans le Bedfordshire, les cottages, construits aux alentours de 1850, offrent derrière leurs façades pimpantes, un intérieur spacieux et lumineux.

Aux murs des cottages, peu de tableaux, peu de décorations. On y voit cependant des broderies. Ci-dessus, le travail pathétique, premier et sans doute dernier ouvrage à l'aiguille, d'une jeune fille condamnée, comme tant d'autres, à mourir très jeune. On y retrouve intacts les deux pôles d'intérêt du monde rural : l'église et la vie campagnarde. Bordant deux textes religieux typiques du XIXe siècle, des oiseaux, des papillons, des fleurs et des arbres, tous dotés de couleurs réalistes.

Au fil du XIXe siècle, les Britanniques doivent se rendre à l'évidence : la révolution industrielle, l'exploitation de nouvelles parcelles de terre ont modifié l'apparence de la vieille et aimable Angleterre. Devant la prolifération des usines et des moulins, la réaction ne se fait pas attendre. Il convient de conserver au mieux les vestiges d'un passé enfui. « Nous avons tous tendance à pleurer la disparition de lieux que nous n'avons jamais vus, dont nous ne savons rien », écrivit le spécialiste d'histoire de l'art, John Pope-Hennessy. Remarque pertinente, d'autant que l'Angleterre victorienne s'immergeait avec délices dans une vision moyenâgeuse où l'on célébrait la chevalerie et les nobles sentiments. De toute évidence, les cottages couverts de roses n'avaient jamais existé sinon dans l'imagination des romantiques qui tentaient de leur donner forme, mais ceux-là se souciaient-ils vraiment de la réalité ? Néanmoins, ces rêves eurent, sur l'esthétique et l'aménagement intérieur, de lourdes conséquences.

De la phase initiale de ce mouvement, il convient de retenir deux noms : l'architecte gallois Owen Jones (1809-1874) et le philanthrope Henry Cole (1808-1882), tous deux fidèles aux « vrais principes » de la création artistique définis par le grand architecte A.W.N. Pugin, l'un des maîtres du gothique victorien. Owen Jones doit sa notoriété à la publication en 1856 de *Grammar of Ornament,* bible de l'éclectisme britannique qui mettait l'accent sur le respect des matériaux et de la qualité du travail artisanal, ainsi qu'à son travail au Crystal Palace. Quant à Henry Cole, alias Felix Summerly, il se distingua en devenant le premier directeur du Victoria and Albert Museum, institution créée à la suite du succès de la grande exposition de 1851, dont Henry Cole était l'un des organisateurs, et qui osa présenter au monde des objets artistiques et scientifiques appliqués à l'industrie. Auparavant, Henry Cole avait fondé, en 1847, la Summerly's Art Manufacture. En compagnie de plusieurs artistes, il avait décidé de « faire revivre

l'antique pratique consistant à associer beauté et objets usuels [...] afin de décorer chaque élément à l'aide de détails appropriés [...] détails obtenus autant que possible à partir de la nature ». Henry Cole et Owen Jones parvinrent ainsi à la conclusion qu'à l'instar des gens du peuple durant plusieurs siècles, on pouvait orner un intérieur en utilisant des objets apparemment disparates. Autant d'idées qui se matérialisèrent durant la grande exposition et encouragèrent la classe aisée et la moyenne bourgeoisie à revenir au style vernaculaire. Néanmoins, cette tendance allait prendre un essor nouveau quand furent publiés, aux alentours de 1860, les écrits d'un homme encore jeune qui définissait une philosophie cohérente de la création artisanale. Cet homme n'était autre que William Morris et sa pensée allait avoir une influence décisive sur le goût populaire en matière d'aménagement intérieur.

Parmi les créations les plus connues de William Morris, il importe de citer avant tout la confection de tissus et la réalisation de papiers peints. Ce « Jasmine trellis » (treillis au jasmin) constitue, avec son délicat dessin de fleurs de jasmin sur fond d'osier, un excellent exemple de ces ouvrages populaires qui plaisaient tant aux classes moyennes des villes anglaises de la seconde moitié du XIXe siècle.

WILLIAM MORRIS

Henry Cole et Owen Jones avaient tenté l'un et l'autre de cerner la place revenant à l'objet industriel dans l'avenir du design. William Morris refusa de les suivre sur cette voie. Son but était de restaurer, au sein d'une société où l'industrie détruisait « l'objectif naturel de l'homme et le sens de la vie », les méthodes chères à l'artisanat traditionnel.

Dans sa jeunesse, William Morris (1834-1896) fut une des figures marquantes proches de la confrérie des préraphaélites. Ces artistes anglais — Holman Hunt, John Millais, les Rossetti, et plus tard Edward Burne-Jones — clamèrent leur intention de redonner vie à l'art grâce à un retour à la nature. Dans leur démarche, ces peintres étaient inspirés et encouragés par le célébrissime critique d'art, John Ruskin, dont la pensée eut une influence considérable sur l'Angleterre victorienne. Tout comme William Morris, John Ruskin déplorait les effets de l'industrialisation ainsi que les artifices décoratifs. Il l'énonça clairement, en 1846, dans *Les Peintres modernes* : « Retournez à la nature en ne regrettant rien, en ne sélectionnant rien, en ne méprisant rien, en croyant que toutes choses sont bonnes et justes et en puisant sa joie dans la vérité. » Il estimait par ailleurs que tout travail devait être soigné et empreint de sens moral. Les préraphaélites se conformèrent à cette philosophie en créant des tableaux riches en couleurs et en détails minutieux où l'on découvre une foule de campagnards, évoluant dans un décor idéalisé, fort éloigné de la réalité paysanne.

En 1861, William Morris parvint à la conclusion qu'il lui fallait dépasser les objectifs des préraphaélites et de John Ruskin. Il fonda alors la maison Morris, Marshall, Faulkner & Co. et se lança dans la production de meubles, de tissus imprimés, de vitraux, de métal ouvré et de papiers peints. Chacune de ces productions se voyait parée de motifs d'oiseaux, de fleurs et de fruits. Elles connurent un grand succès auprès des classes aisées, mais William Morris, socialiste dans l'âme, s'en tourmenta : « Quel est donc notre lien avec l'art si nous ne pouvons partager avec autrui ? » Douloureuse interrogation à laquelle l'artiste, sa vie durant, allait chercher une réponse.

En 1861, William Morris créait la maison Morris, Marshall, Faulkner and Co. afin de réaliser meubles et objets susceptibles d'illustrer le style vernaculaire propre aux campagnes anglaises. De concert avec l'architecte Philip Webb, Morris lança un style de mobilier qui allait exercer une profonde influence sur la création américaine, européenne et britannique. Cette aquarelle représentant la salle à manger londonienne de Burne-Jones réalisée par T.M. Rooke, assistant du peintre, illustre à merveille les dominantes du style cher au mouvement des arts et métiers. On retrouve l'usage du chêne dépourvu d'incrustations et parfois audacieusement orné au pinceau de motifs ou de scènes tirés du folklore britannique. Les meubles, devant le papier fleuri, sont travaillés au tour telles les chaises paillées, au demeurant privées de capitonnage. Le buffet a été peint par Burne-Jones en personne qui a également réalisé les cartons des vitraux. Quant à la table, elle a été conçue par Philip Webb.

La propre demeure de William Morris, la Maison Rouge, constitue une illustration intéressante du dessein de l'artiste en matière de décoration. Elle fut conçue en 1859 par l'architecte Philip Webb, grand ami de William Morris. De conception révolutionnaire pour l'époque, elle ressemble, par sa simplicité, davantage à la ferme traditionnelle anglaise qu'à une résidence de gentilshommes répondant aux canons du classicisme ou du gothique.

Plus que l'élégance, William Morris et Philip Webb cherchèrent le confort, s'efforcèrent de recréer l'atmosphère sobre et naturelle qui émane d'une demeure authentiquement rustique. En réaction contre l'académisme étouffant de la mode victorienne, Morris orna les murs de tissus et de papiers peints dessinés par ses soins, arrangea ici et là des objets en étain ou en laiton, métaux qu'il affectionnait tout particulière-

ment. Pour les chaises, il utilisa le chêne et le hêtre qu'il allia à la paille et à l'osier. Enfin, pour le reste du mobilier, il sélectionna des meubles traditionnels anglais : table à tréteaux, bancs en bois massif, vaisselier classique. Vers la fin de sa vie, William Morris avouera dans l'un de ses écrits : « J'ai essayé de créer d'authentiques produits [...], des matériaux en laine aussi laineux que possible, des cotons aussi cotonneux que possible. [...] Je n'ai utilisé que des teintures simples et naturelles sans que l'intervention de l'art soit véritablement nécessaire. »

Cet engagement visant un « luxe du goût », William Morris en fit son credo. Partout, il voyait la pauvreté, la prolifération des taudis surpeuplés par des êtres prisonniers de conditions de travail lamentables, la dégradation du paysage rural et l'émergence d'une société dont la production se limitait à des objets de mauvaise qualité, hideux et fragiles. C'est lui qui déclara : « Les gens vivant parmi une telle laideur ne peuvent concevoir la beauté. » Jusqu'à sa mort, en 1896, il lutta pour la réalisation de son rêve d'une nation où une « vie simple » saurait engendrer des « goûts simples ». Maintes fois, il lança son slogan : « N'ayez rien chez vous qui ne soit beau. » Certes, William Morris s'éteignit dans la désillusion ; aujourd'hui cependant, son rêve lui survit.

Frontispice réalisé par Walter Crane pour The House Beautiful, *revue publiée pour la première fois aux États-Unis en 1896. Cette édition comprenait également des articles et des dessins de William Morris, Charles Annesley Voysey et C.R. Ashbee et elle permit aux Américains, qui admiraient beaucoup les travaux de Walter Crane, de découvrir le mouvement des arts et métiers. Associé de William Morris et membre de la Art Workers'Guild, Walter Crane créa des papiers peints, des tissus, des tapisseries, des tapis et des céramiques. Il fut aussi un illustrateur fort apprécié.*

LE MOUVEMENT DES ARTS ET MÉTIERS

L'influence de William Morris s'exerça de manière sensible sur le développement d'un courant artistique connu sous le nom de mouvement des arts et métiers. Pourtant, ce fut John Ruskin qui, le premier, fonda en 1872 la Guilde de Saint-George, sorte de coopérative d'artisans du meuble et de l'aménagement intérieur. Cette initiative fut suivie en 1882 par la création de la Century Guild que dirigèrent l'architecte-ébéniste A.H. Mackmurdo et Selwyn Image, organisation destinée à entreprendre tous travaux de décoration dans le recpect des formes naturelles à dominante florale. En 1884 apparaissait la Art Workers' Guild, fondée par l'architecte Richard Norman Shaw, le peintre Walter Crane et William Lethaby, biographe de Philip Webb et concepteur de meubles tels que la fameuse chaise en paille de style rustique. La Art Workers' Guild se fixa des buts ambitieux visant à « sensibiliser le public face aux expressions visuelles de l'artisanat [...] et à encourager à long terme une qualité élevée de sa conception et de sa réalisation ». Enfin, en 1888, se forma le Combined Arts Committee qui allait donner naissance à la Arts and Crafts Society, où l'on comptait parmi les membres influents le peintre Walter Crane, l'architecte C.R. Ashbee et l'architecte-ébéniste Ernest Gimson.

Tous ces artistes choisirent pour thème d'inspiration le Moyen Âge, époque à laquelle, selon eux, la créativité artistique s'était exprimée au quotidien dans ces humbles cottages où le paysan utilisait des objets fabriqués avec amour de ses propres mains. Position diamétralement opposée à celle qui prévalait en ces temps victoriens où, sur les tablettes des cheminées, s'accumulait la bimbeloterie.

Bientôt, cependant, le mouvement des arts et métiers franchissait les limites enfumées de la métropole londonienne pour gagner la belle région vallonnée des Cotswolds et ses petits villages paisibles. En compagnie d'un groupe d'artisans de l'East End de la capitale, spécialisés dans le travail sur métal, C.R. Ashbee s'installa dans la bourgade de Chipping Campden, entièrement construite en pierre jaune locale. Là, l'artiste conçut maints objets et bijoux qui, malgré leur originalité, n'étaient pas sans suggérer le style pittoresque du XVIIIe siècle. Pourtant, il ne s'agissait pas, du moins en théorie, d'objets d'art pour connaisseurs. Dans l'esprit des pionniers du mouvement des arts et métiers, vivait l'espoir d'atteindre des classes sociales plus modestes afin qu'elles puissent profiter de ces créations « utiles et pratiques, de forme et de fini agréables, belles, mais sans ostentation qui nuirait à leur usage quotidien ».

Les tissus et papiers peints de Charles Annesley Voysey révèlent, de par leur utilisation répétée de motifs à base d'oiseaux ou de feuillage, l'influence de William Morris. Dans cette réalisation effectuée aux alentours de 1893, Voysey joue à l'extrême d'une stylisation généralement absente des créations de Morris.

Ce parti pris ne tarda pas à toucher tous les domaines des arts décoratifs et des beaux-arts ainsi que le prouva Walter Crane, un autre disciple de William Morris : ses illustrations de livres pour enfants contribuèrent largement à la renaissance d'un engouement pour l'art populaire ; quant à ses dessins de fleurs et de plantes, ils furent repris pour la décoration des céramiques de William de Morgan, de Wedgwood et de Minton.

Une autre figure importante de ce mouvement fut Charles Annesley Voysey. Architecte de formation, il s'était spécialisé dans le style gothique. Les réflexions de William Morris bouleversèrent à tout jamais ses options. En 1822, il se lançait dans la création de tissus et de papiers peints, élaborait des dessins où se retrouvaient les motifs désormais classiques de plantes et d'oiseaux. Néanmoins, ses travaux les plus originaux concernent le mobilier où il accentua la simplification, la géométrisation qui se traduisirent par des lignes de chêne nettes et fluides, marquées par une austérité pleine de grâce reprise par Ernest Gimson, créateur en 1896, d'une chaise en paille qui fit date dans l'histoire du design.

Le mouvement des arts et métiers n'allait cependant pas se cantonner dans les limites territoriales de l'Angleterre. Très vite, il trouva un écho en Scandinavie où, dès 1845, un gouvernement avisé réfléchissait aux conséquences probables de l'industrialisation sur la tradition artisanale et prenait des mesures destinées à préserver la culture nationale. On créa donc une société suédoise des arts et métiers afin de concilier art, tradition et industrie et d'étayer une prise de conscience collective face à ce problème nouveau. Au début de ce siècle, le peintre Carl Larsson publiait *Åt Solsidan (La Maison au soleil),* une collection d'aquarelles représentant les intérieurs pleins de charme, de simplicité et de fraîcheur des cottages de la Suède rurale. Ces aquarelles, témoignages d'un décor traditionnel suédois, connurent un énorme succès dans toute l'Europe.

En Allemagne, *Das Englische Haus (La Maison anglaise)* de Herman Muthesius suscita, en 1904, un immense intérêt. Herman Muthesius y décrivait le style du mouvement des arts et métiers en Angleterre et, en particulier, les réalisations audacieusement rustiques

Ci-contre et ci-dessous : *Si ce salon viennois des années 1840 rappelle l'engouement du début du* XVIII*e siècle pour les charmes de la campagne, l'aquarelle de Carl Larsson représentant un intérieur suédois témoigne d'une tradition folklorique bien différente.*

de Philip Webb. Ce livre et les travaux de plusieurs artistes-décorateurs britanniques alors fêtés en Allemagne, tels M.H. Baillie Scott, MacLachlan et J.A Campbell eurent une grande influence sur les intérieurs allemands du début du siècle où de jeunes créateurs, comme Paul Stosseck, allaient reprendre le style vernaculaire anglais pour l'interpréter à leur manière.

Aux États-Unis, plusieurs groupes artistiques naquirent, directement inspirés par le mouvement des arts et métiers. Deux d'entre eux se révélèrent particulièrement significatifs : le Craftsman de Gustav Stickley et le Roycrofter de Elbert Hubbard.

Dès 1901, Gustav Stickley publiait le *Craftsman* et encourageait des auteurs socialistes à collaborer à cette revue. Tailleur de pierre à l'origine, Gustav Stickley avait ensuite travaillé comme apprenti chez des parents fabricants de meubles. Un voyage en France et en Angleterre suscita chez lui le désir de créer un art neuf dans une Amérique moderne. Son entreprise fut malheureusement de courte durée : le *Craftsman* fit faillite en 1916.

Elbert Hubbard, de son côté, fonda en 1895 la communauté Roycroft à East Aurore, à la suite d'une visite à la Kelmscott Press que William Morris avait implantée à Hammersmith. Cet ancien vendeur de savons démarra avec une presse et un atelier de reliure avant de se tourner vers d'autres activités telle la réalisation de meubles en 1901, mais sa disparition lors du naufrage du *Lusitania* en 1915 marqua la fin de Roycroft. Gustav Stickley et Elbert Hubbard avaient révélé à l'Amérique la douceur d'un patrimoine rural jusqu'alors boudé.

Ci-dessous : *Aux États-Unis, les meubles peints participent toujours d'une tradition rustique. Les premiers colons y recouraient déjà et décoraient ainsi les parquets et les cloisons en bois de leurs modestes demeures. Pour les motifs, ils s'inspiraient de leur environnement.*

C'est en 1901 que Gustav Sickley lançait le Crafstman, *revue destinée à populariser un style de décoration chère au mouvement des arts et métiers. Dans l'Amérique rurale du* XIX*e* *siècle, la confection de couettes donnait lieu à de grandes réunions, surtout lorsqu'il s'agissait de coudre la courtepointe de la mariée, tel le modèle coloré ci-dessous. De toute évidence, cet assemblage de pièces de cotonnade bleutée appelée* Rainbow *ou* Fondu Cloth *a été réalisé par nombre de mains industrieuses.*

LE CHARME RUSTIQUE DES BANLIEUES

Au-delà du cercle des pionniers du mouvement des arts et métiers, nombre d'artistes, d'artisans et d'architectes à la mode ressentirent un attrait certain pour le style vernaculaire et le rustique et, passé le temps des « cottages ornés » de la Régence, on assista à un retour aux valeurs de la vieille et aimable Angleterre. Évolution qui trouva en la personne de Richard Norman Shaw son meilleur interprète. En 1868, cet architecte construisait, pour un riche homme d'affaires, Leys Wood à Groombridge dans le Sussex, demeure théâtrale et éblouissante conçue dans un style « Old English » qui, par un incroyable tour de force, alliait des éléments des XVe, XVIe et XVIIe siècles. Dans une distribution irrégulière au développement anarchique, on découvrait ainsi, d'une pièce à l'autre, des différences de hauteur sous plafond et, dans le salon, l'énorme cheminée à l'ancienne auprès de laquelle il fait bon s'asseoir et bavarder. Quant à l'aspect extérieur, on y reconnaissait un subtil mélange de constructions propres aux cottages de l'Essex : demi-boisage, toit de tuiles aux arêtes nettes, crépissage où le mur-pignon offre des lignes incisées ou bosselées.

L'un des exemples les plus intéressants de cette nouvelle tendance fut la cité-jardin de Bedford Park, à Chiswick, dans la banlieue ouest de Londres. Utilisant la brique rouge dans un style très différent du gothique de l'ère précédente, Richard Norman Shaw et son collègue Jonathan Carr lancèrent le style Queen Anne. L'intérieur était décoré par la maison Morris & Co. Chaque demeure possédait un caractère particulier car, dans le but d'imiter l'apparence originale des anciens cottages, on avait délibérément renoncé à respecter des critères de symétrie. De nombreuses initiatives du même genre virent le jour dans les banlieues et les faubourgs des villes anglaises. Néanmoins, ces programmes ne concernèrent que les classes moyennes et non les couches les plus pauvres de la population que William Morris et ses partisans auraient souhaité aider. Dans les villages des Cotswold, Ashbee se heurta à un problème similaire dans la mesure où il ne trouva guère d'acheteurs pour ses productions artisanales. Néanmoins, il réussit à susciter l'intérêt d'un grand négociant en meubles, Sir Ambrose Heal, qui, dès les années 1900, présenta les créations d'Ashbee dans son magasin de Tottenham Court Road à Londres. Cet homme d'affaires avait été très impressionné par l'intégrité d'Ashbee, par la qualité de ses œuvres et, lorsqu'en 1913, il prit les rênes de l'entreprise familiale, il insista pour que nul n'oublie jamais les principes de l'artiste quant au choix des meubles à offrir au public. Un tel soutien donna naturellement une formidable impulsion à la production artisanale.

Cependant, les années passaient et les goûts changeaient. On en vint à considérer que le style vernaculaire avait des allures ridicules. Seuls quelques puristes s'efforcèrent de résister à l'évolution qui se dessinait, mais déjà nombre de jeunes artistes formés dans l'ombre de William Morris et de C.R. Ashbee se faisaient les interprètes d'une forme de

décoration plus stylisée, connue sous le nom d'Art nouveau. L'affaire provoqua un beau tollé et le peintre Walter Crane alla même jusqu'à parler d'une « étrange dégénérescence ».

Ces protestations et ces commentaires n'arrêtèrent cependant pas cette évolution. Déjà, de nombreuses demeures edwardiennes s'ornaient de motifs ruraux repris et élaborés selon une sinuosité étudiée.

LE RENOUVEAU RUSTIQUE

Le numéro spécial de 1919 que The Studio *consacrait aux arts décoratifs traitait de la décoration du cottage. Simplicité et confort en étaient les mots clés incarnés dans les rideaux tissés, les couettes en patchwork et le mobilier en bois brut qui voisinaient avec des poteries et des tissus artisanaux. Pour les poteries, on choisissait de préférence des formes harmonieuses et des glaçures unicolores telles celles présentées ci-dessous signées Ravenscourt Pottery.*

Contre toute attente, ce ne fut point l'Art nouveau, décadent, qui porta un coup fatal au style rustique, mais la Première Guerre mondiale. Au sortir du conflit, les nations européennes se trouvèrent confrontées à un monde radicalement différent où les femmes étaient devenues suffragettes et où les domestiques s'étaient volatilisés. En revanche, l'automobile prenait une place de plus en plus importante parallèlement à l'émergence d'un phénomène appelé progrès. L'image de la maison, douillet refuge, en fut complètement altérée. Bien entendu, l'aménagement intérieur des années vingt et trente refléta ces bouleversements. Il fallait vivre avec son époque. De fait, une mode en chassait une autre. On inventait, on adaptait, on renouait avec le passé au gré de la fantaisie du moment. L'important consistait à aller de l'avant et l'antique cottage du paysan s'apparentait désormais à une stabilité synonyme de pauvreté, de primitivisme.

Le seul lien avec le renouveau rustique tenait à l'idée de cité-jardin conçue par Richard Norman Shaw et Jonathan Carr. Dans les années trente, on vit surgir maintes résidences inspirées de Bedford Park, telle Petts Wood dans le Kent. Çà et là, apparurent des maisons dont les façades en bois et les fenêtres enchâssées dans le plomb rappelaient les anciens cottages. Les intérieurs se montraient nettement moins respectueux des traditions et accueillaient sans scrupules des copies de vieux meubles en chêne produites en série, des poutres apparentes, des chintz victoriens en tout genre et des cheminées… à gaz où se consumaient à la demande de fausses bûches incandescentes ; bref, un vague renouveau Tudor que, dans son histoire satirique de l'architecture intitulée *Pillar to Post,* le caricaturiste Osbert Lancaster qualifia de « déviation bigarrée ».

La Seconde Guerre mondiale mit provisoirement un terme à la vision idyllique du cottage couvert de roses. L'ampleur des dégâts matériels exigeait une reconstruction rapide et peu onéreuse. Il n'était plus question de style. Il fallait se montrer pragmatique et opter pour le fonctionnel. C'est ce que fit la majorité des Européens de l'après-guerre.

La réaction contre le caractère inhumain de cet âge de la machine se manifesta avec « les années d'affluence ». Jamais encore, l'Occident n'avait connu un tel niveau de vie. Comme au temps de Victoria,

Cet intérieur typiquement rustique n'appartient pas à un authentique cottage. Il s'agit en réalité d'une maquette de cuisine effectuée dans les années vingt par Waring et Gillow. Erreur aisément pardonnable dans la mesure où l'on retrouve ici tous les éléments du style rustique du XXe siècle : la cheminée invitante avec ses fourneaux en fonte et son manteau imposant ; le vaisselier rempli de faïences ; les chaises Windsor en bois tourné et la table massive recouverte d'une nappe de tissu. Sur les murs nus, une batterie d'ustensiles en cuivre ou en laiton ; aux fenêtres, de jolis rideaux de coton. Le mobilier, d'un vert doux, rehausse le caractère rustique d'une cuisine qui ferait tout aussi bien le bonheur d'un appartement londonien comme celui d'une demeure campagnarde.

d'Édouard VIII, on retrouva de l'intérêt pour les expressions artistiques d'antan. On rêvait d'une évasion vers une existence plus saine. De nombreux jeunes gens désertèrent les villes pour gagner les campagnes et couler des jours paisibles dans quelque communauté où ils se livrèrent à des petits métiers artisanaux. Dans le domaine musical, on ressuscita la musique folklorique. En peinture, des tendances analogues se manifestèrent et, en 1975, le célèbre artiste Peter Blake, grand représentant du pop'art fondait la Brotherhood of the Ruralists ou Confrérie des partisans du retour à la nature.

Un regain d'intérêt pour le style victorien envahit rapidement tous les secteurs de la vie quotidienne, depuis l'habillement jusqu'au mobilier. On vit réapparaître des meubles 1900. Les murs, quand ils n'étaient pas peints, étaient recouverts de papier semé de minuscules motifs floraux. Cette vogue du rustique, Laura Ashley la lança dans les années soixante-dix au point que son seul nom ne va pas sans évoquer une simplicité florale où la stylisation passe par une palette de couleurs en demi-teintes, du gris fumé au prune. Les conceptions de Laura Ashley, par leur souci du fini et leur usage de matériaux naturels, s'inscrivent dans l'esprit du mouvement des arts et métiers. L'appellation des imprimés, « Wild Cherry » (merise), « Meadow Flowers » (fleurs de la prairie) ou « Oak Leaves » (feuilles de chêne) évoque la fraîcheur et les couleurs de la campagne.

Laura Ashley a, en effet, réconcilié la nature et la ville en offrant à chaque foyer la possibilité de retrouver le souvenir, ne serait-ce que visuel, d'un rêve rustique susceptible d'aider le citadin à échapper, par le biais d'une évasion enchanteresse, aux difficultés de son existence.

LE STYLE RUSTIQUE

Laura Ashley

En matière de travaux d'aiguille, la broderie fournit un témoignage précieux sur la mode au... fil des siècles. Elle joue également le rôle d'un véritable journal quant aux événements socio-familiaux. À l'époque victorienne, fleurs, animaux, arbres et oiseaux, motifs souvent inclus dans un galon fleuri, ponctuaient, tout comme dictons et proverbes, maintes broderies. Ce modèle, datant sans doute des années 1840, a dû être réalisé par un enfant. Suspendu par un ruban de coton joliment noué, il fait merveille dans une chambre mansardée.

Les valeurs traditionnelles et le style de vie des campagnes anglaises ont constitué la trame initiale des toutes premières créations de Laura Ashley, ces imprimés semés de petits motifs floraux qui ont, au fil des ans, conquis le monde entier.

Par tradition, le style rustique s'est toujours caractérisé par ses couleurs fraîches, campagnardes : il incarne l'artisanat authentique. Dans ce contexte, l'objet usuel le plus humble prend une importance intrinsèque.

Aux yeux de Laura Ashley, le style rustique est simple, chaleureux et confortable. La fraîcheur limpide d'une arrière-cuisine de ferme galloise s'est inspirée de la simplicité classique de rayures en noir et blanc, de motifs cerises empruntés à un tissu de robe victorienne. En revanche, cette chambre de Long Island, avec son « look » artisanal, doit tout à des modèles de courtepointe et à des revêtements intérieurs de coffres, de malles. Des tons terre de Sienne et vert sombre reflètent les saines couleurs de la tradition rustique américaine tandis qu'un chalet en bois au cœur de la campagne suisse renferme, avec sa palette de bleu brillant, de cramoisi et de vert, toutes les nuances propres à un paysage alpin.

Quoi de mieux qu'une chambre mansardée pour exhaler le charme d'une vie rustique ? Ici, la lumière du jour coule par une simple lucarne et souligne l'acier poli du lit surmonté d'une couette datant du XIXe siècle. Sur le plancher de chêne foncé, une simple carpette se marie admirablement aux ravissants papiers peints et tissus fleuris riches de nuances bleu-gris et crème. Un napperon de dentelle amidonnée orne la table et une poterie en terre, emplie d'une brassée de fleurs des champs, ajoute une touche de tendresse à ce tableau délicat.

Le croirez-vous ? Cette pièce-ci n'est autre que la cuisine d'un château français ! Admirez ce superbe buffet ancien au-dessus duquel trône une foule de trésors qui donne aux lieux un faux air de cabinet des curiosités. Remarquez ces fleurs séchées accrochées au plafond, ce chapelet d'aulx et surtout, surtout, l'immense table de hêtre couverte de légumes frais, de fruits et d'une splendide tarte ! Comment résister à pareil spectacle ?

MERE PICON
N°4

D'une telle salle de bains, cottage comme manoir peuvent s'enorgueillir d'autant qu'ici le style rustique ne se limite pas à des impressions fleuries ! Mais la salle de bains n'est-elle pas le lieu idéal pour transposer la prairie piquetée de fleurs en paysage marin jonché de coquillages ? Fleurissent alors sur les carreaux de faïence blancs des motifs naïfs aux reflets bleutés qu'un papier assorti conjugue au gré des cloisons et, pourquoi pas ? jusqu'aux plafonds ! Plus loin, sur la baignoire aux allures victoriennes, ce même motif reprend ses droits et s'ourle d'une vague d'un bleu identique. Autour du lavabo, une jupe de cotonnade adoucit les formes raides de la porcelaine, cotonnade qui se fait rideau serti d'un bouillonné à l'image de la corniche triomphante. Dans le vieux panier d'osier marqué par les ans, une brassée d'épis de blé et une moisson de coquillages chantent la beauté de la nature. Quant aux assiettes posées contre le mur, elles rappellent, de par leurs superbes glaçures, les nuances mêmes des divers éléments de la pièce. Enfin, le plancher décoloré, briqué de près, fait souffler sur ce havre de paix de puissantes et fraîches senteurs marines.

Voilà une pièce adaptée à ces activités plaisantes, mais ô combien sérieuses, que sont les repas ! Ici, le vénérable chêne anglais domine la scène, répand une note ombrée riche de dignité. Papiers peints et tissus couleur jade et sable ponctués de cramoisi égayent les lieux empreints d'une austérité bon enfant. L'assise carrée des chaises s'habillent de dossiers et de coussins de cotonnade froncée, se campent sur d'immenses dalles de pierre dont la texture et les nuances accentuent l'importance des matériaux naturels utilisés dans cette pièce et la beauté de la lumière pure d'une exposition nord. Sur le manteau de la cheminée, un chandelier en fer et des ustensiles en étain ajoutent une touche de douceur et de simplicité à l'atmosphère feutrée. Dans cette pièce, pas d'électricité, et on comprend mieux la valeur des chandelles dominant la table massive. Près de la fenêtre, le traditionnel vaisselier accueille des faïences dont les tons reprennent les nuances dominantes de la salle à manger. Quant au rebord de la fenêtre, il se fait désinvolte et héberge un élément rustique entre tous : un chien.

Dans cette chambre de fillette, nostalgie et rêverie s'associent pour mieux marquer la transition de l'enfance au monde adulte. La maison de poupées, clin d'œil à la nursery, voisine avec un splendide lit à baldaquin, symbole d'un univers nouveau et passionnant. Pourtant, le rythme du temps est respecté qui aide l'enfant à passer harmonieusement, et dans une fantaisie romantique, d'une étape à l'autre. N'est-ce pas un véritable conte de fées que de dormir dans un tel décor ? Sur les murs, la frise de roses joliment peintes donne à la pièce une unité chaleureuse pleine de féminité et d'innocence rustique que souligne un faux galon sous la cimaise. Pour le papier peint et les tissus, un motif de roses sur treillis apporte une note jeune et joyeuse à l'ensemble, note reprise par les losanges du treillis répétés sur le sol. Les fronces et volants des rideaux participent d'une débauche de voilage, placé sous le signe du crème et du grenat, et s'inscrivent dans l'harmonie des tons utilisés. La commode peinte nous change des classiques meubles polis tandis que la chaise à bascule de Boston, datant des années 1840, fait la nique à l'antique cheval de bois. Quelle chambre de rêve !

Ce salon américain distille à merveille l'amour de la nature et de la simplicité, caractéristique des intérieurs rustiques. Cependant, le style de cette demeure de Long Island s'inspire largement de la période de la guerre de Sécession. Ainsi, le coton imprimé du sofa, des coussins et des rideaux qui s'apparentent à une courtepointe du XIXe siècle ou encore la bordure de papier frappée de feuilles stylisées. Dans cette pièce aux murs nus, à la cheminée pure, se retrouve l'ascétisme cher aux Américains d'antan. Ascétisme admirablement nuancé par la touche désinvolte de la couverture jetée sur le sofa, par le jeu des couleurs automnales où l'abricot, la cannelle et le saumon se mêlent pour le plus grand plaisir de l'œil. À côté du salon, une salle à manger aux murs et aux rideaux semés de tulipes stylisées exhalant une fraîcheur souveraine. Un tableau, des fruits et des fleurs marquent le parti pris rustique.

HANSET LVCI RIEDE VRSINA POL CASPER

Dans un chalet du XVe siècle... inspiré du style de la campagne suisse. Pourquoi suisse ? À cause de la débauche généreuse du bois, pardi ! Ne se croirait-on pas enfermé dans un coffret à épices ? Coffret richement égayé par l'éclat des cotonnades où s'allient cramoisi et moutarde accompagnés de bleu saphir. Fauteuils et sofa s'ornent d'un cramoisi moucheté tandis que sur les coussins s'épanouissent de ravissantes cerises rouges ou des fleurs aux feuilles saphir, nuance marquant également les coussins posés sur le banc à dossier. La simplicité, omniprésente, s'exprime jusque dans le mobilier. Le style rustique a l'art d'associer avec bonheur maints éléments disparates. C'est pourquoi le banc, le dressoir et la table aux pieds évasés, meubles aux allures brutes, se marient au sofa et aux fauteuils de forme plus recherchée. Remarquez sur le dressoir, réalisé à l'occasion d'un mariage, les cœurs gravés et les noms de *Hanset Luciriede* et de *Ursina Polcasper* ainsi que la collection de porcelaine célébrant des scènes champêtres.

Cette arrière-cuisine galloise est sans conteste la pièce la plus rustique de toute la maison. C'est là que s'effectuent maintes tâches ménagères, depuis la lessive jusqu'au barattage du beurre. De fait, arrosoirs et pots en terre côtoient allègrement maints paniers d'osier où l'on serrera les vêtements à pendre au-dessus de la pelouse. Notez aussi l'étonnante gibecière accrochée à la chaise par une large sangle de cuir, les brassées de fleurs fraîchement coupées placées dans l'évier en faïence, le pilon et le mortier installés dans une vieille baratte au-dessus de laquelle goutte, pendu à un croc de boucher, le fromage enfermé dans une fine mousseline. Les tonalités monochromes, noires et blanches, du papier peint semé de cerises, motif volé à un imprimé de robe du XIXe siècle, ajoutent à la fraîcheur du lieu. Le tissu rayé de sombre s'inscrit dans des teintes identiques tandis que les dalles, sur le sol, jouent cavalier seul, sans doute pour mieux guider les pas vers l'escalier conduisant au cœur de la maison.

Cette chambre à coucher, à Long Island, résume admirablement le caractère hautement particulier du style rustique américain. Ici, les éléments décoratifs viennent en droite ligne de la fin du XVIIIe siècle… outre-Atlantique. À l'époque, le bleu et le blanc, couleurs traditionnelles de la jeune nation américaine, constituaient un « must » et ornaient maints objets ou vêtements, depuis la doublure d'un gilet jusqu'à un meuble. Les rideaux, astucieusement accrochés à une tringle en pin, déploient des motifs géométriques utilisés à l'origine sur de modestes nappes. Ce tissu, facétie de fée du logis, est repris pour le lit à colonnes délicatement agencé. Un imprimé à pois, d'esprit voisin, qui jadis doublait l'intérieur d'un coffre, a été utilisé pour le jupon de lit, le fauteuil et la doublure des draperies. Les coussins, à carreaux et à fleurs, jouent de tons identiques et prolongent l'harmonie en bleu et blanc. C'est dire que tous les éléments réunis dans cette pièce répondent aux critères du style rustique. Quant aux deux couleurs employées, elles accentuent le caractère traditionnel de cette demeure historique qui exhibe fièrement ses chandelles à mèche de jonc à la mode Shaker, ses planchers en pin et sa large cheminée toute simple. La petite chambre voisine s'inspire, pour sa part, de la cabine d'un capitaine au long cours, un siècle auparavant. Le vert, le crème et le terre de Sienne soulignent, une fois encore, les tonalités de l'époque fédérale et de subtiles nuances apportent une patine émouvante à l'ensemble. Les rideaux, les murs et le lit se sont parés d'un tissu à triples rayures tandis que le fauteuil s'orne d'un ravissant imprimé à losanges et feuilles sur fond terre de Sienne.

Le goût rustique ne se limite pas toujours à un simple cottage. La preuve ! Le voici qui envahit une demeure digne d'un gentilhomme campagnard. Ici, la fraîcheur et le pittoresque de la campagne se conjuguent à l'assurance classique du manoir, style alliant le coton brillanté à des panneaux muraux joliment peints, les guirlandes rococo à des murs lambrissés. Ce mas provençal s'inscrit dans cette tradition, qui joue d'éléments formels disposés de façon désinvolte sur fond tendre. La tonalité rustique se retrouve sur les surfaces brutes des volets de bois, sur la colonne sculptée et les dalles grises et fauves du sol. Murs, rideaux et nappe arborent le même imprimé semé de jolies fleurs évoquant le fameux style manoir, ainsi que de feuilles dont les arabesques témoignent d'une certaine sophistication. Le choix des couleurs, — brun doré, rouges et bleus — trahit également un grand souci de sobre élégance, encore soulignée par le galon rouge bordant chaque pièce de tissu. Sur la table, une poterie en terre exhibe un bouquet étrange, ombrant mélancoliquement une moisson de fruits réunie dans une coupe en bois.

LE STYLE
MANOIR

LE STYLE MANOIR

Traditions d'Antan

Le manoir et son aménagement intérieur constituent, dans le domaine architectural, un élément typiquement anglais. Plus qu'une œuvre destinée à susciter l'admiration figée du public, le manoir symbolise aujourd'hui le confort, le faste perdu.

Aux XVIe et XVIIe siècles, la dame du manoir consacrait une grande partie de son temps à la tapisserie. Ici, le thème de la flamme, traité sur le mode abstrait, s'inspire, pour notre plus grand bonheur, d'un motif italien du XIVe siècle.

Dans *Retour à Brideshead,* publié en 1945, Evelyn Waugh sut restituer l'atmosphère magique propre au manoir :

> « C'était une véritable éducation esthétique que de vivre dans ces murs, d'errer de salle en salle, de la bibliothèque soanesque au salon chinois étincelant de pagodes dorées sur tranche et de mandarins amicaux, de papier peint et de frises chippendale, du petit salon pompéien au grand vestibule tendu de tapisseries, intact, dans l'état où il avait été conçu et exécuté deux cent cinquante ans plus tôt. »

Ces quelques lignes suffisent à évoquer, outre l'image du manoir lui-même, la vision d'un style de vie particulier où l'esprit erre de l'élégance cristalline des tableaux de Gainsborough aux excentricités débridées des romans de P.G. Wodehouse. Le style manoir présente de nos jours un caractère hybride, façonné au fil du temps, dû au mélange de considérations sociales et esthétiques.

Ci-dessous : *C'est au* XVIIe *siècle que la sculpture sur bois, dédaignée depuis trop longtemps, reprit ses droits avec Grinling Gibbons qui porta cet art à son apogée. Cet artiste hors pair déploya en effet un talent encore inégalé et sut allier l'exubérance baroque à un réalisme rare, comme nous le montre ce panneau provenant de Petworth dans le Sussex. Nombre d'exemples de ce type ornent les escaliers, les lambris et les cheminées de maintes demeures anglaises, en particulier à Ham House et au château de Windsor.*

Ci-dessous, à droite : *Cette aquarelle du* XIXe *siècle, réalisée par David Cox, représente la galerie de Hardwick Hall, dans le Derbyshire, et illustre admirablement les grandes tendances de la décoration en vogue sous le règne d'Élisabeth I*[re]*. Ce type de galerie constituait un prolongement anglais de la promenade couverte propre au continent. Situées au premier étage, elles devinrent de véritables chefs-d'œuvre où les Britanniques purent exposer peintures et objets d'art, et profiter de représentations théâtrales sans plus avoir à déplorer les rigueurs du mauvais temps.*

Au Moyen Âge, la grande salle de la demeure seigneuriale constituait le point focal de la communauté rurale. Aujourd'hui, ces pièces immenses ont un aspect lugubre et déroutant, mais il suffit de fermer les paupières pour évoquer les jours passés où elles offraient des murs brillamment décorés, couverts de bannières héraldiques et de trophées de chasse. Chauffer un tel espace (on avait perdu depuis longtemps ce système de chauffage central par le sol des grandes villas romaines) posait un énorme problème et, en conséquence, le seigneur et sa dame se voyaient obligés de passer la majeure partie de leur temps dans une pièce voisine, luxueuse chambre faisant également office de salon, où l'on gardait les meubles les plus précieux du manoir. À l'époque, les fenêtres étaient encore des éléments amovibles que l'on remplaçait par des volets en bois peints lorsque les nobles habitants de la demeure s'en allaient vivre ailleurs. Sur le sol, ni dalles de pierre, ni plancher, mais de superbes carreaux savamment disposés.

L'INFLUENCE DU CONTINENT

La France et l'Italie du XVIe siècle vivaient à l'heure de la Renaissance. Il n'était question que de splendeur et de symétrie et on en revenait aux idéaux classiques d'équilibre et d'harmonie. Les choses étaient différentes en Angleterre, mais toutefois l'ombre d'un changement se dessinait. À Hampton Court, par exemple, que Henry VIII venait de confisquer à son trop ambitieux ministre Wolsey, le Grand Hall devint une longue galerie au premier étage servant de salle de réception, de lieu de divertissements. C'est là qu'on installa les plus belles œuvres d'art, les pièces les plus précieuses d'un mobilier de chêne et parfois de cèdre ou de noyer, souvent incrusté d'ivoire, d'écaille de tortue ou de nacre, toujours audacieusement sculpté. Néanmoins, c'est dans les jardins aux arrangements géométriques que l'on retrouve sans doute le plus

l'influence de la Renaissance, tant y est grand le souci de la symétrie. À Audley End, demeure du comte de Suffolk où des artisans flamands ont modelé des éléments décoratifs, hardis et grotesques, le visiteur remarquera cependant des cheminées et des encadrements de porte calqués sur des modèles tirés de manuels sur la Renaissance.

L'Angleterre en était là de ses découvertes quand survint Inigo Jones (1573-1652). Fils d'un modeste horloger de Smithfield, Inigo Jones avait été appelé par la reine Anne, épouse de Jacques Ier, comme ordonnateur des « masques », divertissements princiers combinant ballets, mascarades et représentations théâtrales ; puis, il se rend en France, et en Italie où il découvre les œuvres du grand architecte, Andrea Palladio, dont les travaux allaient exercer une influence durable sur l'architecture anglaise.

De retour en Angleterre, Inigo Jones, sensibilisé à une harmonie et à des proportions nouvelles, s'efforce de mettre en pratique les théories palladiennes. Il y réussit à merveille et instaure dans le paysage architectural anglais des lignes nettes et élégantes où les parois lisses s'ordonnent souvent au-dessus d'un soubassement à refends, où les portiques à l'ancienne deviennent des avant-corps monumentaux soutenus par une colonnade.

En 1660, après les troubles de la guerre civile et l'épisode républicain sous l'égide de Cromwell, l'Angleterre se trouva dirigée par un monarque qui avait passé de longues années d'exil en France. De ce fait, Charles II revenait dans son pays, empreint d'habitudes françaises, séduit par un goût qui allait influencer durant les deux siècles suivants le design et l'architecture britanniques.

Charles II souhaitait donner à la Maison Stuart la munificence baroque de la cour de Louis XIV. Dans ce décor fastueux conçu pour impressionner et.... oppresser, cerné de lourdes tentures en damas, de plâtrages dorés, de guirlandes diverses et de *putti,* le Roi-Soleil exerçait son pouvoir de droit divin. Le monarque anglais rêvait de recréer pour lui-même la même atmosphère, la même mise en scène. Ainsi s'inspira-t-il du modèle français pour la conception et la décoration des appartements royaux de Windsor. Pour mieux souligner la hiérarchie protocolaire, il créa une suite complexe de salons d'apparat. Passé le portique d'un grandiose symbolique, le visiteur découvrait le Grand Salon où étaient servis les repas. Ensuite, les invités avaient loisir de se retirer dans quelque appartement tandis que les familiers de Sa Majesté étaient admis dans la chambre d'État, où le monarque leur accordait la faveur d'un entretien. C'est dire que le Grand Hall n'était plus la pièce maîtresse de la demeure.

Le baroque anglais trouva son expression la plus éclatante à Castle Howard (Yorkshire) et à Blenheim où deux réalisations fastueuses posèrent les prémices du style manoir. Ces deux ouvrages, érigés au nom de considérations politiques, répondaient en réalité à des critères esthétiques. Quant à y habiter... c'était une autre affaire. Jonathan Swift le comprit, qui écrivit quelques vers sur le château de Blenheim, créé par Sir John Vanbrugh :

Cette peinture du portraitiste Johann Zoffany campant la reine Charlotte et ses enfants dépeint à merveille l'agencement des appartements destinés à une dame de l'aristocratie aux alentours de 1760. Remarquez sous le rideau à bouillons la coiffeuse tendue de dentelle, ornée de chintz, sur le sol, le tapis aux riches motifs et, sur la gauche de cette illustration, le fauteuil doré, lourd de brocarts, sur lequel trône un tambour d'enfant. Derrière la reine Charlotte, on distingue, sur un piédestal, une figurine chinoise, postée devant une vaste surface de miroirs. En arrière-plan, la porte s'ouvre sur l'immense hall lambrissé.

« La vaste cour, la colonnade,
Et voyez les dimensions du hall,
Les cheminées si bien conçues
Que jamais elles ne fument,
Les galeries tracées pour la promenade,
Les fenêtres pour s'y retirer et causer,
La salle du conseil pour débattre,
Et toutes les autres pièces pensées pour l'apparat.
Le ciel soit loué, Sire ! m'écriai-je, tout cela est fort beau,
Mais où dormez-vous et où mangez-vous ?
Je crois, d'après ce que vous m'en dites,
Que vous possédez une demeure, mais point un logis. »

À ce propos, il importe de préciser que de telles demeures se divisaient en trois « zones d'habitation » : la première était réservée aux réceptions, la deuxième à la vie quotidienne et la dernière aux domestiques. La famille avait en effet coutume de prendre ses repas dans un petit salon voire, comme en France, dans une chambre. Néanmoins, les mondanités jouaient un rôle important, ce qui eut de grandes répercussions sur l'agencement intérieur et le mobilier. La mode voulait également que l'on déploya, ici et là, de luxueux tissus, pour la plupart importés de France. C'était donc des satins agrémentés de franges et de galons, des soies moirées pour les sièges, de lourdes soies damassées pour orner les murs et les ciels de ces lits qui, pour imiter Versailles, prenaient des allures grandioses. Cette recherche de l'effet théâtral affecta même le travail du stuc d'autant que l'on venait de découvrir un nouveau procédé, monté sur armature en fer ou support en bois, qui remplaçait le traditionnel mélange de Paris à base de chaux et de plâtre.

Cependant, l'influence de la France et de l'Italie ne constitua qu'un épisode de courte durée dans l'histoire du manoir anglais. Dès le début du XVIIIe siècle, se manifesta une vive réaction. Le poème de Jonathan Swift symbolise bien le rejet des extravagances de l'Europe continentale. On préférait de beaucoup le style simple et sans maniérisme d'Inigo Jones qui, aux yeux de l'aristocratie whig, répondait davantage aux aspirations anglaises.

LES CANONS DU CLASSICISME

L'année 1715 constitua, dans l'histoire de l'architecture anglaise, un tournant décisif. Cette année-là, Colin Campbell, architecte écossais, publia son *Vitruvius Britannicus,* féroce attaque contre les excès du baroque. Parut également la première traduction en anglais de *I quattro libri dell'Architettura,* magistral ouvrage d'Andrea Palladio. Ces deux publications contribuèrent à influencer grandement Richard, comte de Burlington qui, de par son rôle de mécène, allait favoriser une tendance nouvelle, redonnant au manoir ses lignes classiques d'antan. L'un des protégés les plus doués du comte de Burlington fut William Kent (1685-1748), en qui l'on peut voir le premier grand artiste-décorateur

William Kent fut l'un des grands maîtres du style palladien en vogue dans l'Angleterre du XVIIIe siècle. Ditchley Park, dans le Oxfordshire, met en lumière l'art de Kent et son aisance face à la création d'intérieurs somptueux dans un cadre classique. Pour ce faire, l'artiste utilisa à profusion une décoration à base de stuc peint, de bois doré sculpté et d'immenses cheminées en marbre.

Cette coupe d'une maison dessinée en 1774 par John Yenn, élève de Sir William Chambers, illustre clairement les impératifs de la décoration d'une grande demeure de l'époque. Au rez-de-chaussée se tiennent les salons d'apparat aux plafonds hauts, de style néo-classique ; au premier étage, la chambre des maîtres de maison et un salon tandis que deux autres chambres, ornées de papiers peints à rayures, se situent au troisième étage. Enfin, au grenier, on reconnaît, pourvus de papiers à carreaux, les quartiers réservés aux domestiques.

de l'Angleterre. Son style, de conception très simple, présente néanmoins une étonnante richesse de la décoration. À Rousham House, dans le Oxfordshire, son salon peint exprime à la perfection grâce et fraîcheur inhérentes à cette nouvelle manière. William Kent fut également le véritable créateur du jardin anglais, apportant ainsi à des édifices sévères une note de fantaisie dans des réalisations jusque-là bien formelles, allant jusqu'à creuser des hahas ou sauts-de-loup au hasard des parcs.

Signalons enfin l'importance dans l'aménagement intérieur de ce « grand tour », fort à la mode chez les jeunes gens de l'époque qui filaient parcourir l'Europe d'où ils rapportaient antiquités et bibelots. Ces trouvailles garnirent, bien entendu, nombre de vitrines. Peintures, livres, porcelaines et bijoux ne tardèrent pas à transformer le manoir en resserre à trésors.

LE ROMANTISME CLASSIQUE

Cet engouement pour le palladianisme ouvrit la voie à une nouvelle étape dans le style du design et de l'architecture, étape qui allait entraîner l'apparition du néo-classicisme. Cette évolution était due en partie aux découvertes effectuées à Pompéi et Herculanum, les fouilles permettant aux initiés de mesurer la beauté classique des intérieurs romains. Parallèlement, on retrouvait une admiration sincère pour la pureté des édifices grecs.

Les deux grands maîtres de ce mouvement furent incontestablement les deux architectes écossais, William Chambers (1723-1792) et Robert Adam (1728-1792). Curieux personnage que ce William Chambers qui travailla au service de la Compagnie suédoise des Indes orientales et visita ainsi la Chine et le Bengale. Il séjourna également à Paris et en

Italie. L'auteur de *Treatise on Civil Architecture* (1759) déploya d'ailleurs, en construisant la pagode des jardins botaniques royaux de Kew, une imagination et un goût pour le baroque qui n'étaient pas sans évoquer ses lointains périples. Néanmoins, ses œuvres ultérieures et, en particulier Peper Harrow, dans le Surrey, s'inscrivent dans un néo-classicisme strict où les feuilles d'acanthe voisinent avec des sphinx égyptiens conformes aux représentations antiques.

L'un des traits caractéristiques des dessins de Robert Adam s'exprime dans un usage original des couleurs lié à une réinterprétation de motifs empruntés à la Renaissance et même à la Rome antique. Ici, avec ces deux réalisations effectuées pour le Kedleston Hall, dans le Derbyshire, il est aisé de comprendre la façon dont Adam a traité les « grotesques » qu'il découvrit lors de ses voyages en Italie dans les années 1750 et 1760. Il les transposa en stuc et leur appliqua les couleurs pâles qu'il voulait croire d'origine « étrusque ».

Quant à Robert Adam, il fut l'artiste-décorateur le plus marquant de l'Angleterre du XVIIIe siècle. Lui aussi avait beaucoup voyagé, lui aussi avait vécu à Paris et à Rome où il rencontra l'architecte Charles-Louis Clérisseau et le graveur Gianbattista Piranèse, deux hommes qui allaient lui permettre d'approcher le néo-classicisme par le biais du pittoresque. De retour en Angleterre, il publia avec son frère *The Works in Architecture of Robert & James Adam, Esquires* (1773). Tout au long de sa carrière, étonnamment brillante, il se conforma à sa doctrine qui visait à rejeter « les entablements massifs, les lourds plafonds à caissons, la structure aux allures de temple » pour créer « une superbe variété de moulures légères, pleines de grâce et délicatement ornées [...] dans l'esprit magnifique de l'Antiquité ».

Adam, architecte, demeura un classique. En revanche, Adam le décorateur dépassa les modes. Il remania et décora nombre de manoirs en recourant à un style très personnel tant dans l'utilisation de couleurs pastel que dans l'ornementation, dont le plafond du salon de la Saltram House dans le Devon est caractéristique. Le visiteur ne peut en effet qu'admirer cette composition où interviennent guirlandes, palmettes, griffons et œils-de-bœuf. C'est Robert Adam qui lança également le

fameux style à l'étrusque, inspiré de vases grecs décorés que l'on croyait d'origine étrusque, et utilisé de façon extraordinaire à Osterley Park dans le Middlesex. Peu à peu, les goûts de l'aristocratie finirent par toucher des propriétaires plus modestes. Les murs peints remplacèrent les lambris et les tapis orientaux ou anglais, aux coloris assortis aux motifs du plafond, recouvrirent les sols des maisons britanniques. C'est aussi au XVIIIe siècle que se répandit l'usage du chintz, tissu typiquement anglais. Enfin, on délaissa l'agencement formel d'antan pour envisager un mode de vie où l'influence du classicisme permit à la famille d'évoluer librement du salon à la salle à manger en passant par la bibliothèque, sans plus se soucier d'une distribution par trop rigide.

L'ATTRAIT DE LA NOUVEAUTÉ

Modes et mentalités changèrent à la fin du siècle. Les jeunes générations ne se lassaient pas de critiquer Adam et son travail de filigrane ! On voulait du nouveau, on s'intéressait à des styles curieux, aux chinoiseries, au gothique. Cette soif de pittoresque se traduisit par une prolifération de pagodes asiatiques et de ruines gothiques. Politiquement, l'Europe vivait une époque troublée, marquée par la Révolution française et les guerres napoléoniennes, mais ces événements n'eurent guère d'influence sur la décoration du manoir anglais.

Les critères classiques dominaient toujours l'architecture. Cependant, la lassitude s'installait. Les lignes et les formes que l'on admirait jadis paraissaient désormais ternes et monotones. Pour éclairer un sol blanc ou teinté, on en vint à utiliser des effets de marbre et à dorer des motifs ornementaux dont on accentuait parfois le relief. De larges miroirs soulignaient une apparence d'opulence et sur les plafonds à minces caissons, s'accrochaient des lustres majestueux. Les portes, voire les portes à deux battants, prenaient de l'ampleur. Aux alentours de 1800, le capitonnage du mobilier se pratique de plus en plus. On voit apparaître des sofas garnis de coussins d'assise recouverts de tissu à franges. Les murs sont tendus de soie ou de papier peint ; dans les chambres, de lourds rideaux, d'épais tapis de sol. Enfin, pour pallier l'austérité architecturale, les salons se remplissent de commodes, de vitrines, d'ottomanes, de chaises longues, de jardinières fleuries, d'horloges de parquet.

De 1811 à 1820, la période dite Régence se caractérise par une ouverture de la maison sur l'extérieur avec des portes-fenêtres donnant sur des jardins d'hiver ou directement sur une terrasse ou une pelouse. Cette mode fut parfaitement illustrée par Carlton House, le palais du Régent à Londres.

Une autre tendance se manifesta également. Elle n'était pas nouvelle car l'influence de l'Asie, et de la Chine en particulier, s'était fait sentir dès 1740 dans la décoration du manoir. Longtemps, cette influence ne s'était exprimée qu'à travers des détails, bien que l'on remarquât ici ou

Ci-contre, à gauche : *L'engouement de la Régence pour les chinoiseries s'exprime tout particulièrement dans la décoration choisie pour le pavillon du Régent à Brighton. Les aquarelles fourmillent de détails orientaux et les murs, d'un jaune soufre brillant, se parent de plantes et d'oiseaux exotiques.*

Ci-dessous : *La Carlton House de Londres, aujourd'hui malheureusement détruite, servait d'hôtel particulier au prince de Galles qui allait plus tard devenir roi sous le nom de George IV. Bien que sa décoration marquât moins d'ostentation que le pavillon du Régent à Brighton, elle n'en était cependant pas dépourvue de fantaisie.*

là quelques pièces à la chinoise. Puis, le néo-classicisme rejeta dans l'ombre ces vélléités d'exotisme. Éphémère inconstance comme le prouva l'extravagante fantaisie architecturale que fut le Pavillon du Régent, construit en 1816 à Brighton.

Vint ensuite une génération nouvelle qui marqua le début de l'ère victorienne. L'heure était à l'espoir, au matérialisme et à l'ambition. Les nouveaux riches s'appliquèrent à singer l'aristocratie : négociants et industriels se devaient de bâtir le manoir qui allait donner une assise à leur statut social flambant neuf. Et on assista à une explosion de constructions dont le style témoignait des valeurs de cette nouvelle bourgeoisie.

Il faut dire que les contemporains de Victoria se prenaient très au sérieux. Ils considéraient avec mépris la période de la Régence, symbole à leurs yeux d'une décadence éhontée. Leur vision moralisatrice influença l'architecture, l'aménagement intérieur et le mobilier. Le style le plus populaire fut même un gothique « médiéval » qui évoquait les grands moments de la chevalerie et de la féodalité, quand la société se trouvait très structurée et qu'il n'était point pensable de remettre en question ni l'Église ni la royauté.

Cet engouement pour un passé chevaleresque joua un grand rôle dans le comportement du nouveau riche. Evelyn Waugh et son humour grinçant stigmatise d'ailleurs cette attitude dans son roman drôle-amer, *Une poignée de cendres,* lorsqu'il décrit un lugubre manoir gothique bâti en 1864 :

« La pénombre ecclésiastique du grand hall, son plafond à arêtes et décoration rouge et or soutenu par des colonnettes en granit poli aux chapiteaux enguirlandés de vigne — qu'éclairaient, le jour, des fenêtres ogivales aux vitraux armoriés, la nuit, un immense lustre à gaz en cuivre et fer forgé [...] la salle à manger avec ses poutres apparentes en chêne et sa tribune en pitchpin pour les trouvères ; les chambres à coucher avec leurs lits en cuivre repoussé, chacune nantie, en guise de frise, d'un texte en lettres gothiques [...] »

D'autres styles intervinrent bien sûr. Mentmore Towers, dans le Buckinghamshire, construit en 1851 par Joseph Paxton, réalisateur du Crystal Palace de Londres, constitue un véritable pastiche élisabéthain. Cependant, on recourut aussi, et de manière très libre, à un style italianisant où l'œil reconnaît nombre de références classiques... de source disparate ! Tel est le cas de Osborne House, sur l'île de Wight, conçu pour la reine Victoria par le prince Albert et l'architecte Thomas Cubitt. Autre exemple : Deepdene près de Dorking, dans le Surrey. Cette remarquable résidence, maintenant détruite, fut l'œuvre de Thomas Hope qui transforma une demeure de la fin du XVIIIe siècle en une construction pittoresque. Enfin, d'aucuns cédèrent à l'attrait de l'aura de Louis XIV. Ainsi le baron Ferdinand de Rothschild fit-il ériger à Waddesdon, dans le Buckinghamshire, une reproduction grandeur nature d'un château français du début du XVIIIe siècle, avec son toit mansardé, ses lambrissages d'époque spécialement importés et son mobilier aux dorures redondantes.

Le lustre de la Régence s'exprime dans toute sa splendeur, ici, dans ce petit salon de Deepdene, demeure entièrement reconstruite par Thomas Hope. Ici se retrouve l'influence du style Empire qui se cristallise sur le sofa, la cheminée et l'usage éblouissant de la couleur saumon. Tous les détails de cette pièce, y compris les nuances employées, auraient été réalisés sur les indications expresses de Thomas Hope.

Néanmoins, quel que fut le style architectural de la période victorienne, une constante demeure en matière d'ameublement. Le manoir est en effet envahi par une foule de meubles, en acajou le plus souvent, lourdement capitonnés. Les franges font concurrence aux pompons et, en général, l'esthétique joue de pesanteur et les lignes de lourdeurs. Le papier peint est semé de fleurs à profusion et, sur la tablette des cheminées, surgissent de grosses pendules tandis que, près du feu, veillent des écrans pare-feu richement décorés.

Parallèlement, la mode est aux tissus en cachemire que l'on connaît bien depuis la fin du XVIIIe siècle, depuis que de grands voyageurs sont revenus des Indes avec ces superbes châles en fin lainage rebrodé. Dès lors, on se les arrache au point que la Compagnie des Indes orientales décide d'en importer. Mieux encore, un tisserand, originaire de Paisley en Écosse, s'efforce de copier ces merveilles dont il réduit le prix de revient en les produisant en série dès 1805. Ces créations, à motifs cachemire, envahissent toute la mode de l'époque, du mobilier jusqu'aux épaules des élégantes qui sillonnent l'Europe ou l'Amérique.

Parmi les imprimés qui ornent le manoir, il faut aussi citer ceux de l'artiste-décorateur-architecte Owen Jones. On y retrouve les motifs à treillis du renouveau gothique, la feuille d'acanthe et quelques dessins géométriques chers aux Anciens grecs, ainsi que des éléments de décoration islamiques et mauresques qu'Owen Jones apprit à aimer lors de ses voyages en Espagne et, en particulier, de ses visites à l'Alhambra de Grenade. Le style du génial décorateur du Crystal Palace, lui-même fortement influencé par l'art primitif et oriental, allait marquer les arts décoratifs de toute la seconde moitié du XIXe siècle.

Malheureusement, le manoir victorien prend maintenant des allures de bric-à-brac : partout, c'est une accumulation étrange de petits objets d'art. Ici, des mosaïques en coquillage, des albums reliés en cuir épais ou peints à la main, là, des vases d'allure exotique, à la glaçure brillante, des boîtes à couture. Rien de tout cela n'a beaucoup d'utilité, mais on entasse ces babioles chéries sur des étagères, derrière quelque vitrine. Souvent, on y rencontre même un animal empaillé puisque la naturalisation est au goût du jour. Quelle surprise pour le visiteur non averti qui évolue dans une sorte de caverne d'Ali Baba, riche de confort, et… étouffe, oppressé par l'atmosphère pesante des lieux !

Mais la fin du XIXe siècle approche. À nouveau, attitudes et comportements changent. Aux États-Unis, on redéfinit les impératifs du manoir. En 1897, Edith Wharton, dont on allait bientôt reconnaître les talents d'écrivain, publie, en collaboration avec l'architecte Ogden Codman, un ouvrage intitulé *The Decoration of Houses.* Après avoir établi une distinction entre tapissier-décorateur et architecte d'intérieur, les deux auteurs dénonçaient la vulgarité du goût américain et citaient le style français, unique standard en matière de décoration. Cette publication correspond à un moment crucial dans l'histoire de l'aménagement intérieur. Voilà qu'on renonce aux excès de la fin de l'ère victorienne et qu'on renoue avec l'élégance du XVIIIe siècle ! Elsie de Wolfe, décoratrice d'Edith Wharton, impose ses vues et meuble la résidence de la famille Frick de New York selon un style « vieille France ».

Ci-dessus : *Knightshayes Court fut conçue par William Burges en 1867. Burges fut véritablement le maître du renouveau médiéval et réalisa ses œuvres à partir de riches thèmes décoratifs du Moyen Âge, époque chère aux préraphaélites.*

Ci-dessous : *Le motif cachemire, ornant ici un châle typique du* XIX*e* *siècle, constitua l'un des éléments récurrents de la décoration du manoir de cette période. D'origine indienne, ce dessin a été repris en Écosse dans la ville de Paisley désireuse de répondre à l'engouement pour ce motif.*

À la même époque, Edwin Lutyens (1869-1944) jetait en Angleterre les bases d'une nouvelle version du manoir : version qui devait échapper aux clichés victoriens pour concilier les proportions classiques et le souci du détail, si cher au mouvement des arts et métiers. Des lourdes masses de granit de Castle Drogo dans le Devon jusqu'à la symétrie style reine Anne de The Salutation à Sandwich, Edwin Lutyens déploya une maestria sans pareille en matière de traitement des styles. Le futur bâtisseur de New Delhi ne craignait pas d'utiliser le plâtre, de dénuder la pierre. Libéré de la piété d'un Pugin, il sut créer des intérieurs austères et pourtant empreints d'un charme subtil. Audacieux et plein d'humour, il réalisa à Marshcourt, dans le Hampshire, un billard taillé dans un énorme bloc de craie locale ainsi qu'une nursery... ronde, interdisant aux gouvernantes d'envoyer les enfants au piquet !

Du temps de la reine Victoria, le propriétaire d'un manoir se préoccupait énormément des problèmes de santé. On manifestait donc une obsession certaine à propos des tuyauteries et de l'aération des lieux. En dehors de cette préoccupation, le confort restait précaire dans ces demeures où le sens de la hiérarchie et le respect de la ségrégation impliquaient que l'on compartimentât les zones d'habitation, au point que l'ensemble ressemblait à un immense labyrinthe. Le chauffage était en effet rudimentaire, qui consistait en un poêle ou une cheminée, tandis que l'on considérait encore les salles de bains comme un élément superfétatoire. En général, on priait un serviteur de remplir d'eau chaude un tub placé dans la chambre à coucher, à proximité de l'âtre. De telles complications justifiaient bien entendu la rareté de l'opération. Comment s'étonner si Adelina Patti, grande prima donna de l'époque victorienne, ne possédait dans son manoir de Craig-y-nos, près de Swansea, que trois salles de bains pour trente-quatre chambres ! Cette propriété, de style gothique « médiéval », passait pourtant pour être le comble du luxe !

Néanmoins, quelle qu'ait été l'évolution des temps, une constante demeurait en Angleterre : l'amour de la campagne. Il persistait dans toutes les strates du pays. La classe moyenne, encore trop peu fortunée pour acquérir une propriété au grand air, accrochait donc sur ses murs couverts de papier peint, et à côté de portraits de famille, quelques tableaux célébrant les beautés pastorales. La reine, elle-même, marquait un penchant certain pour les charmes de la nature au point qu'elle prit l'habitude de se rendre fréquemment au château de Balmoral que le prince Albert lui avait fait construire.

LE MANOIR MENACÉ

Après la Première Guerre mondiale, le style traditionnel du manoir se trouva bouleversé par un renouveau du romantisme. Il fallait oublier le cauchemar. Cependant, l'aristocratie s'accrocha désespérément à ses bribes de puissance et de prestige et lutta pour conserver ses privilèges tout en rejetant, nul ne pouvait y échapper, la lourdeur suffisante du victorianisme. Cet antagonisme entre un passé étouffant et un moder-

L'Amérique de 1890 redécouvrit l'élégance linéaire caractéristique de l'aménagement intérieur du XVIIIe siècle. On rejeta vigoureusement les tonalités sombres et l'aspect chargé de la grande époque victorienne pour célébrer les charmes du style « vieille France », où dominaient les teintes claires et les courbes douces. En 1900, ce style jouissait d'une grande popularité en Europe et, en 1910, date à laquelle fut réalisée cette aquarelle destinée à vanter les mérites d'un fabricant de meubles du nord de l'Angleterre, la bonne société s'évertuait à le copier. Ici, les murs à demi-lambrissés se tendent de soie rose damassée agrémentée d'un rideau vert clair, bordant de fins voilages de mousseline ou de dentelle. Le paravent arbore une sorte de S digne de l'Art nouveau, et la pièce s'organise autour du piano, instrument indissociable d'un intérieur de l'époque.

nisme séduisant, Evelyn Waugh l'a décrit dans *Une poignée de cendres* par le biais des problèmes conjugaux de Tony et de Brenda Last. Le mari manifeste, en effet, un attachement quasi maladif pour sa vieille et austère demeure inconfortable tandis que l'épouse rêve d'un appartement avec « une chambre, une salle de bains et un appareil téléphonique [...] eau chaude et chauffage central ».

Brenda vit son époque qui correspond à l'avènement de l'architecte d'intérieur. Des maisons spécialisées font leur apparition auxquelles tout un chacun peut recourir pour la décoration de son logis. Il s'agit de s'évader de « règles trop strictes, d'utiliser un style sophistiqué et pourtant gracieux, décontracté et sans affectation ».

L'aristocratie s'intéresse également au luxe «transatlantique » lancé par la décoratrice Syrie Maugham. On y distingue une touche de néo-classicisme, une pointe de Louis XIV et un de ces petits riens dignes d'un plateau de tournage. Ce décor se doit de déployer soies roses et satins verts, lampes Tiffany et larges miroirs ainsi que de superbes tapis monochromes. Ce style recherché, Peter Quennell, grand spécialiste de Ruskin et de Byron, le décrit en ces termes :

> « Assortis au capitonnage blanc cassé, il y avait de petites tables en chêne et des accessoires baroques démunis de ce coup de pinceau dont ils auraient tant eu besoin. Un tel intérieur était chic, glacial, absolument invivable et, du fait de maintes raisons telles la naïveté des gens riches et l'habileté des décorateurs à la mode, extraordinairement cher. »

Puis survint la Seconde Guerre mondiale qui soumit le manoir à de nouveaux périls. Nombre d'entre eux furent réquisitionnés : certains, comme le Brideshead d'Evelyn Waugh, se transformèrent en casernes, d'autres en hôpitaux ou maisons de convalescence ou encore en écoles, voire en entrepôts pour œuvres d'art. La paix revenue, les propriétaires

se trouvèrent confrontés à de sérieux problèmes : comment, en effet, réparer des bâtiments si endommagés ? Il fallait restaurer les stucs, les lambris, les toitures même. De surcroît, l'aristocratie dut faire face à des augmentations d'impôts qui ne lui permirent guère de lever les fonds nécessaires aux réparations. Le manoir et les symboles s'y attachant semblaient condamnés à jamais. Evelyn Waugh perçut la menace, qui, dans sa préface à l'édition de 1960 de *Retour à Brideshead,* reconnaît que « ces foyers ancestraux qui étaient le fleuron du patrimoine artistique de notre pays semblaient apparemment condamnés à la ruine et au pillage tout comme les monastères du XVIe siècle ».

Ce rideau dessiné par un décorateur parisien témoigne du style « vieille France » des années 1900. De par ses franges élaborées, ses embrasses et son store assorti, il évoque les réalisations de Pierre de la Mesangère, un siècle plus tôt.

LE MANOIR RESTAURÉ

Si le XXe siècle fut une ère de destruction, force est de constater qu'il fut également une période de restauration. De 1950 à 1970, on assista à une modification des comportements face à l'héritage national. On reconstitua patiemment et avec amour les témoignages de ce passé que symbolisait le manoir. Ce zèle, cet élan influencèrent les goûts, la mode, tant en Angleterre qu'aux États-Unis. Le style manoir, jusqu'alors réservé à une élite, fit des adeptes dans toutes les couches de la population. De plus, on décida d'ouvrir, ô bonheur ! ces fastueuses demeures d'antan au grand public. Il fallut donc leur restituer leur aménagement intérieur des jours passés ainsi que les jardins qui, autrefois, leur servaient d'écrin. La curiosité de monsieur-tout-le-monde fit le reste. Aujourd'hui, ces décors sont devenus source d'inspiration pour l'aménagement de nos demeures.

Ce style, Laura Ashley le reprit dans les années quatre-vingt. Il venait compléter à merveille le style rustique qui avait connu une telle vogue durant les deux décennies précédentes. Fort d'une audace et d'un savoir nouveaux, on utilisa des couleurs plus riches ; le coton, une fois passé le seuil du cottage, prit des airs plus sophistiqués. Il se fit chintz, afficha le soyeux du satiné et offrit d'autres largeurs à de superbes imprimés. Les intérieurs des demeures s'inscrivirent dans une intemporalité follement naturelle qui nécessitait néanmoins un extrême souci du détail. Le confort de quelques chaises et sofas désinvoltes, le charme des plantes et des fleurs installées au beau milieu des pièces justifiaient un certain formalisme de temps à autre. Enfin, pour mieux souligner encore l'harmonie des proportions d'un lieu, on revint à un certain classicisme des lignes et des couleurs. Ainsi recréait-on une unité et un équilibre qui accentuaient l'emphase accordée aux moulures et aux corniches.

Les créateurs allèrent puiser leur inspiration dans la vie quotidienne d'autrefois, dans les greniers et dans les débarras des manoirs anglais. Tout naturellement, cette connaissance et cet amour du passé restituèrent une atmosphère détendue, un riche velouté des textures et des nuances traditionnelles et modernes. Fort de cette aura de confort et d'aisance, de ce sens de la tradition et de souvenirs feutrés, le style manoir peut faire le tour du monde. Il saura s'adapter.

LE STYLE MANOIR

Laura Ashley

Pour Laura Ashley, le style manoir est synonyme de confort et de tranquillité. Le manoir est une retraite paisible où un certain formalisme et peut-être un rien de grandeur se mêlent, de manière presque inconsciente, aux heureuses tâches de la vie de famille.

Cependant, cette impression de naturel, d'aisance, s'appuie sur des recherches minutieuses. Pour les thèmes des tissus et des papiers peints, on a fouillé la vie quotidienne des siècles passés, les greniers et les resserres des manoirs anglais, les archives et étudié, avec un soin d'entomologiste, des reliques précieuses de vieux chintz ou de mousseline. Les motifs cachemire et chinois de Laura Ashley reflètent à merveille l'éclectisme traditionnel du style manoir, tandis que les chintz richement fleuris font écho à la luxuriance des jardins.

Cette attention au passé, ce respect de la tradition et cet amour de la campagne sous-tendent la puissante douceur des couleurs et des textures caractéristiques de l'intérieur du manoir, de sorte que, aujourd'hui, une formidable impression de permanence marque maintes demeures, imprégnées de cet esprit « manoiresque » dont elles se sont inspirées.

Le style manoir, c'est avoir l'audace de qualifier votre salon de salle de réception et la légèreté d'y associer quelques fines tables dorées au vieux sofa à boutons de tante Agathe. Des proportions extraordinaires, des idées géniales et une accumulation séculaire de styles différents, autant d'éléments cimentés par cet éclectisme brillant caractéristique du chic anglais. Cette pièce, dallée, près de Bath dans le Wiltshire, symbolise admirablement cette association du grandiose et de la désinvolture qui a donné au monde entier l'envie d'imiter le manoir anglais.

Les draperies de lit ont vu le jour longtemps avant que n'apparaissent les rideaux de fenêtre. Pourquoi faudrait-il aujourd'hui les renier ? Il ne s'agit plus désormais de lutter contre les courants d'air bien sûr, mais pourquoi, en revanche, ne pas tirer profit de leur fonction hautement décorative ? À elles seules, les draperies transforment une simple chambre en un lieu somptueux. De surcroît, elles peuvent très bien s'adapter, comme c'est ici le cas, à un lit moderne. Remarquez l'élégance du décor, la joliesse du tissu tombant en larges plis répétés sur les encadrements de fenêtres. Le papier lui-même, posé en bordure, ne va pas sans rappeler ces roses qui constituent ici le thème floral dominant, thème modulé par de petits bouquets piquetés sur le papier peint, le traversin, la courtepointe et le chevet.
La nappe à carreaux bordée d'une frange plus sombre apporte une note originale à l'ensemble tandis que le tapis reprend à sa manière les motifs floraux.

Les repas ont, de toute éternité, constitué un rituel qui souvent exige un décor sobre et somptueux à la fois. Cette salle à manger anglaise s'inscrit, avec ses couleurs riches et fortes, son mobilier sombre et puissant, dans la tradition du manoir. Elle luit de l'éclat du bois sombre, des vieilles peintures à l'huile, de l'argenterie, de la porcelaine et des chandelles. Le papier peint, d'une luminosité surprenante, éclaire merveilleusement les teintes riches des rideaux, du buffet et des capitonnages. Les rideaux en coton satiné rappellent ce satin dont les contemporains de la reine Victoria raffolaient. Le drapé doux, naturel, s'enrichit d'un motif de feuillage vif sur fond marine. Les coussins genre cachemire et les teintes profondes et sourdes de la couverture écossaise participent de cette même recherche des nuances. Sur la table, une nappe en chintz crème répond aux papiers peints, fait écho aux tonalités sombres. Cernée d'une frange bordeaux assortie au cuir des chaises, elle offre, avec ses napperons aux motifs cramoisi et marine empruntés au célèbre Owen Jones, un déjeuner bucolique pour des amateurs d'équitation. Quant aux chandeliers, ils ne sont pas sans évoquer ces toques si populaires avant la Seconde Guerre mondiale et que l'on peut encore admirer entre les stricts murs d'Oxford.

Ce salon grand style distille néanmoins une ambiance chaleureuse et décontractée grâce au foisonnement d'objets disposés sur le manteau de la cheminée et sur le bureau. Accentuent également cette atmosphère, un joli fouillis de coussins et la couverture à glands qui brise les lignes sobres du sofa. Et pourtant la pièce, avec sa décoration aérée, respire la dignité. Les proportions y sont sans doute pour beaucoup qui donnent de l'espace à ce lieu ouvert sur de larges et élégantes fenêtres. Les murs et leurs panneaux à la française participent de la noblesse des lieux sans pour autant jouer d'ostentation. Les coloris se prêtent à cette quête d'harmonie, qui évoluent du sable au vert tendre. Sur fond de marbre et de bois, les rideaux style Empire s'ornent d'un lambrequin à bouillons ponctué de frange et de glands. Le miroir, au-dessus de l'âtre, tient un rôle essentiel dans cet espace royal.

Maints détails attestent du raffinement : un globe, un buste en albâtre posé sur pied, des peintures à l'huile anciennes, nombre de statuettes et des rangées de livres reliés cuir. Cependant, on a évité la sophistication à outrance. Les tableaux en témoignent qui, dénués d'encadrement, s'accrochent à un simple ruban de taffetas bleu, les journaux aussi qui s'enroulent autour d'une simple baguette de bois. Pour un peu, on se croirait au cœur d'un club. Mais des motifs volontairement disparates visent à briser un éventuel formalisme. Enfin, la gamme de couleurs, savamment pensée, atténue cette impression de calme supérieur.

Dressing-room et salle de bains. Dans un manoir du siècle dernier, le dressing-room était un véritable sanctuaire où le maître de maison avait coutume de se retirer pour se changer, sommeiller ou rédiger son courrier. Dans un appartement belge, on a su recréer ce temple d'autrefois en recourant à de belles teintes chaudes frappées de riches motifs. La note intimiste naît de l'utilisation harmonieuse du cramoisi et du havane. Les murs, tapissés dans les mêmes nuances, se parent de feuilles de chêne, motifs volés à un imprimé de robe du XIXe siècle. Ce même motif borde les rideaux cachemire lourdement frangés, noués d'une corde tressée terminée par un gland, et participe d'un effet hautement décoratif. Sur le lit, les coussins, le traversin et les chaises, on retrouve le même tissu cachemire. Partout, la brillance des cuirs et du bois renforce une impression de désinvolture polie. *Nec plus ultra* du raffinement, ce dressing-room se double d'une salle de bains qui, comble du luxe, reprend le thème décoratif de la première pièce. La baignoire s'est inspirée d'un modèle moyenâgeux découvert dans un château anglais, et arbore fièrement de superbes tentures. La frise évoque une création victorienne réalisée par l'Armitage Company. Les rideaux à bouillon, apanage du sexe féminin, prennent ici une tonalité plus masculine grâce à leur large frange marine. Le bois joue également les fanfarons qui se teinte d'une même couleur tandis que les murs s'enorgueillissent d'une bordure identique... en trompe l'œil !

Cette pièce, classiquement réservée au petit déjeuner britannique, dégage une grande impression de solidité. Ce sentiment tient sans doute à l'utilisation audacieuse du bois sur fond de papier peint à treillis, un rien fumé, qui souligne la largeur de la baie, nue hormis un store à rayures pâles et des volets en acajou. On imagine aisément l'ensoleillement des petits matins ! En guise de voilage, un grand pan de tissu s'enroule négligemment autour de la tringle qui chapeaute la baie. Semblable au papier peint, il se pare néanmoins de tiges de rose en hommage à un tissu d'ameublement britannique des années 1840. La fenêtre latérale arbore un drapé du même textile. Sur le plancher dépouillé et ciré, une vaste table en chêne flirte avec des panneaux du même bois. Les chaises, trapues, sont recouvertes d'un coton semé de primevères, retenu par des clous de laiton. Dans ce décor plein de fraîcheur, la noblesse d'un chandelier de style géorgien répond à l'allure des pieds de table sculptés. Quant au rebord de la fenêtre, il constitue le lieu de repos idéal pour un chat paresseux… ou le maître de maison désireux de feuilleter son journal. Notez les coussins à carreaux et, plus loin, le fauteuil reine-Anne, capitonné, dont les nuances s'harmonisent avec celles des autres sièges… et enfin les gourmandises du sacro-saint petit déjeuner britannique : pain de campagne, œufs et fruits présentés dans de superbes poteries.

Le bureau est, par tradition, une pièce réservée aux hommes. De nos jours, cependant, les femmes goûtent aussi le charme de cette paisible retraite. Dans cet antre d'écrivain, perdu dans quelque campagne, le vert jade foncé du papier peint souligne, renforce, le côté intimiste des lieux, crée un contraste saisissant avec le blanc de la corniche, du pourtour de la cheminée et de la pièce. Ce même vert est disposé ici et là — sur les franges des rideaux, du lambrequin, sur tel coussin — pour mieux harmoniser la pièce. On la retrouve également sur quelques autres coussins riches de motifs floraux. Devant la baie vitrée, le bureau et sa machine à écrire semblent attendre l'arrivée de leur propriétaire. Ce dernier pourra, si la lassitude lui vient, s'installer au creux du fauteuil ou du sofa tapissés de motifs inspirés des travaux d'aiguille du temps de la reine Anne. Le manteau de la cheminée se trouve, avec ses chandeliers et son miroir, décoré dans le plus pur esprit classique. Pourtant, il est aussi des objets qui prêtent... à sourire, tel ce buste romain qui hante d'ordinaire toutes les bibliothèques sérieuses. À quelques pas du visiteur, une pendule subtilisée aux chemins de fer sonne tristement les heures tandis qu'un harmonium attend de faire entendre quelque musique apaisante. Les livres enfin, trésors entre tous, sont tous reliés cuir.

« Moins affecté que le français, plus subtil que l'anglais », telle est la façon dont Madame Haweif décrivit en 1882 le style manoir revu par les Américains. Ici, une demeure de Floride conçue au début du siècle par un adepte de Addison Mizner. Ce dernier, très influencé par l'architecture italienne et espagnole, donna à ses intérieurs des connotations hispaniques teintées de raffinement français et de désinvolture anglaise. Résultat : des pièces follement originales et pleines de naturel. En ces lieux, l'œil s'arrête immédiatement sur ces dalles espagnoles cuivrées et ponctuées de gros pots d'hortensias qui ajoutent à la fraîcheur de l'endroit. Notez aussi le lambrissage inspiré des lourds panneaux de chêne massif, si chers à la vieille et aimable Angleterre, et traité à partir d'une variété de cyprès blanchie, les moulures posées fièrement à même les planches brutes. Sur ce fond sobre interviennent des frivolités typiquement françaises comme ces tables à dorures, ce marbre rose, ce bureau et ces commodes surchargées, ce lustre imposant et même ce Cupidon-chandelier. L'influence anglaise s'inscrit dans l'agencement des rideaux, l'allure confortable des fauteuils et du sofa, voire dans ces chinoiseries tant prisées des Britanniques du XVIIIe siècle. Pour réussir pareil tour de force de l'harmonie, prudence et audace s'imposaient. Un détail est révélateur de l'esprit qui a présidé à de tels arrangements : les coussins, exotiques, donnent le ton des nuances de la pièce, crème et bleu fumé. Ainsi la bibliothèque encastrée prend des reflets bleutés assortis à l'ensemble tandis que fauteuil et sofa se parent de tissu crème. Plus loin, deux chauffeuses accolées arborent un imprimé à motifs géométriques bleu fumé, imprimé repris par le lambrequin qui participe d'une draperie à trois tissus, très en vogue au début du XIXe siècle, et surmontée d'un second lambrequin à franges à la française.

Par définition, la nursery ne ressemble à aucune autre pièce de la maison. Conçue à l'échelle de l'enfant ou du nourrisson, elle joue de charme et de douceur, oublie le noble et le grandiloquent. On y retrouve pourtant la même accumulation de vieux objets familiers et chéris, tels ces antiques poupées victoriennes ou cet éléphant sur papier voisinant avec une troupe d'ours fatigués et une poupée de chiffon moderne. On y retrouve aussi l'esprit qui a présidé à l'agencement de la demeure. Ainsi, les rideaux noués d'embrasses de satin, piqués d'un énorme nœud qui se gausse des autres lambrequins, bouillons et franges. Le lit, splendide, rappelle, malgré ses draperies à la polonaise, la grandeur victorienne. Le tissu à rayures bleu fumé et bouquets roses s'inspire d'un textile français du XVIIIe siècle et se prête admirablement au rôle qu'on lui a octroyé. Il suffisait d'apposer aux murs un papier peint coordonné pour ressusciter la chaude atmosphère d'un salon de cottage. Le rose, enfin, appliqué à la doublure des draperies de lit, au fauteuil et aux coussins ajoute à l'aspect douillet du lieu. Sur le sol se détachent des motifs de dalles propres au manoir. Clin d'œil. Ces dalles, en effet, loin de s'apparenter à quelque pierre onéreuse, ne sont que des peintures appliquées sur des planches de bois badigeonnées de blanc. Quel charme !

LE STYLE
ROMANTIQUE

LE STYLE ROMANTIQUE

Traditions d'Antan

Les fleurs ont toujours été étroitement liées à l'esprit romantique. Qu'il s'agisse d'une charmille ou d'un bouquet de roses distillant sa fragrance dans une pièce, les fleurs, et ce depuis le Moyen Âge, n'ont cessé d'inspirer la création romantique.
Au XVIIIe siècle, les aquarelles riches de motifs floraux, telles ces anémones réalisées en 1783 par John Edwards, constituaient un trait dominant de la décoration.

Dans la longue et passionnante histoire de l'aménagement intérieur, il est relativement aisé de suivre le fil d'une illusion romantique qui souvent s'imbrique, se noue, dans le tissu du design. Illusion romantique où l'extravagance la plus débridée s'allie parfois au luxe, au raffinement, où l'on retrouve l'ombre de maints artistes et poètes prestigieux, d'un passé chevaleresque, de boudoirs tendus de soies lourdes, de retraites fleuries à demi dissimulées sous des flots de dentelles, de pavillons de toile dressés au fond de quelque jardin, d'un décor de théâtre attendant ses acteurs.

En effet, la trame romantique a, de tout temps, sous-tendu le thème de la décoration intérieure. Elle a pris couleur de nostalgie, de douceur, s'est teintée d'émois secrets, de rêves inavoués. Ici et là, l'on a vu éclore les fleurs d'un ailleurs délicieux qui couraient sur une tenture ou s'ancraient sur les bois sombres d'un meuble altier, sur les parois pastel d'une demeure fraîche.

Néanmoins, ce désir de recréer un environnement romantique, qu'il soit lié à la mode, au passé, à la nostalgie ou à la simple rêverie, n'a jamais été aussi vif qu'aujourd'hui.

Cette chambre, typique des années 1870, symbolise véritablement la féminité souveraine. Ses dentelles, ses couleurs claires et ses tissus fleuris reflètent admirablement les goûts et les tendances du milieu du règne de la reine Victoria.

LE ROMANTISME CLASSIQUE

L'origine du courant romantique remonte peut-être à Néron. De nos jours, il ne reste guère de traces de la Domus aurea ou Maison dorée qu'il fit construire à Rome. Néanmoins, des témoignages demeurent, consignés par divers historiens. De la Domus aurea, bâtie vers le milieu du Ier siècle de notre ère, Suétone, dans son ouvrage *Vies des douze césars,* écrivit :

« La demeure était si vaste qu'elle renfermait des portiques à trois rangs de colonnes, longs de mille pas, une pièce d'eau semblable à une mer, entourée de maisons formant comme des villes, et par surcroît une étendue de campagne, où se voyaient à la fois des cultures, des vignobles, des pâturages et des forêts, contenant une multitude d'animaux domestiques et sauvages de tout genre ; dans le reste de l'édifice, tout était couvert de dorures, rehaussé de pierres précieuses et de coquillages à perle ; le plafond des salles à manger était fait de tablettes d'ivoire mobiles et percées de trous afin que l'on put répandre d'en haut sur les convives soit des fleurs soit des parfums ; la principale était ronde et tournait continuellement sur elle-même, le jour et la nuit, comme le monde ; dans les salles de bain coulaient les eaux de la mer et celles d'Albula. »

L'incomparable collection d'œuvres d'art de Néron ajoutait enfin à la splendeur de la Domus aurea, décorée par le peintre romain Fabullus dont les fresques sont en partie conservées.

L'esprit de la Domus aurea survécut dans le grand palais de Constantinople où les empereurs byzantins régnèrent durant le Haut Moyen Âge et dont certains récits du xe siècle nous restituent la splendeur. D'après ces témoignages, l'empereur siégeait sur un immense trône doré qui, au cours d'une audience, pouvait, grâce à quelque mécanisme secret, s'élever dans les airs tandis que des têtes de lion, placées à l'extrémité des bras du trône, s'agitaient en rugissant. Du plafond pendaient des chandeliers en or massif ainsi que des coupes du même métal précieux, chargées de nourriture, et trop lourdes pour être transportées jusqu'à la table impériale. Partout, on reconnaissait des matériaux de prix incrustés de verres peints, de pierres précieuses et de porphyre ; sur le sol d'argent poli, des pétales de fleurs et aux murs de splendides draperies de soie.

La chambre impériale s'agrémentait en son centre d'une fontaine enchâssée d'améthyste, de grenat, de lapis-lazuli, de topaze, de tourmaline et autres merveilles, et dont les quatre jets d'eau claire rafraîchissaient la pièce. Sur les murs de marbre, on avait pratiqué des ouvertures recouvertes d'une pellicule de verre peint de fleurs et de fruits. Quant au plafond, c'était un fabuleux tableau de mosaïque.

Aucun édifice n'a jamais égalé cette magnificence à laquelle le poète W.B. Yeats fait allusion en vantant l'or repoussé de la cour byzantine. Ces temps de splendeur appartiennent désormais à la légende bien que les grands palais de l'Espagne mauresque témoignent encore de ces fantastiques prouesses architecturales.

Le trompe-l'œil, tradition picturale de la Renaissance, se perpétue ici dans ce cabinet vert de Ham House, dans le Surrey.

L'Amalienburg, construit par François Cuvilliés, est un des chefs-d'œuvre du rococo.

LES FANTAISIES PEINTES DE LA RENAISSANCE

La Renaissance fut l'une des périodes les plus romantiques dans l'histoire de l'aménagement intérieur. Elle fournit en effet nombre de thèmes et de motifs aux créateurs des siècles qui suivirent. De surcroît, c'est à cette époque que s'engage le grand débat sur la perspective, que l'on définit de nouvelles techniques de peinture sur surface plane. Il n'est donc plus nécessaire de recourir aux procédés d'incrustation, si chers aux Romains et aux Byzantins. Les fresques réalisées de 1465 à 1474 par Andrea Mantegna pour la Chambre des Époux du palais des Gonzague à Mantoue en sont la preuve... illustrée. Ce style « nouveau » agrandit l'espace de la pièce par le biais d'une dimension fictive qu'engendre la peinture. Des rideaux de damas magenta, en trompe l'œil, s'ouvrent sur une représentation de la famille Gonzague ; en arrière-plan apparaît un paysage vénitien. Au bord d'une balustrade, des amours et des animaux surveillent la scène tandis que, du plafond, des guirlandes colorées semblent sur le point de glisser vers le sol.

Ce type de réalisation allait être repris en Italie par Giulio Romano, disciple de Raphaël, lorsqu'il entreprit, en 1532, les fresques de la salle des Géants dans le palais Te, lui aussi situé à Mantoue. Ici, le trompe-l'œil évoque le mont Olympe. Il suffit alors de fermer la porte peinte pour découvrir la lutte sauvage opposant les géants de la terre aux dieux de l'ancien monde. Vision chaotique où s'effondrent palais et grottes pendant que les dieux s'élèvent en une spirale majestueuse jusqu'au trône de Jupiter. Témoignage d'un illusionnisme savant dont le baroque et le rococo allaient reprendre la qualité magique.

Les tableaux de Watteau, tout comme ceux de ses contemporains Fragonard et Boucher, reflètent à la perfection les considérations romantiques inhérentes au rococo. Ici, sur cette re-création intemporelle d'une scène de clairière, Watteau campe un troubadour offrant une sérénade à sa belle.

L'EXPRESSION DU BAROQUE

Tout au long du XVIe et du XVIIe siècle, se multiplièrent des conceptions architecturales fantaisistes et curieuses car l'avènement du baroque poussait les décorateurs à redoubler d'audace et d'ingéniosité. Ces derniers, au nom du pathétique et du grandiose, se lancèrent dans des créations où les ciselures compliquées voisinaient avec un travail en filigrane, où les escaliers se tordaient plus que nature, où des grottes se tapissaient de nacre et de corail tandis que des fontaines tarabiscotées pleuraient à grande eau. La manifestation la plus éclatante du baroque fut sans doute le palais de Louis XIV à Versailles. Charles Le Brun y fit merveille en particulier avec l'escalier des Ambassadeurs, disparu aujourd'hui, et surtout avec le Salon d'Apollon ou salle du trône, aboutissement fabuleux du Grand Appartement. Néanmoins, l'œuvre baroque la plus impressionnante est l'extraordinaire galerie des Glaces conçue par Charles Le Brun et Mansart qui la termina en 1687. Éclairée par dix-sept fenêtres auxquelles correspondent dix-sept miroirs sur le mur opposé, elle semble donner au charme formel du parc un aspect de rêve.

Ce motif pour damas broché, de 1744, illustre à merveille l'usage de la ligne courbe, de la sinuosité, canon de la beauté aux yeux des adeptes du rococo, et fréquemment utilisées pour des tissus de robe.

L'ENCHANTEMENT ROCOCO

Si le style baroque s'inscrit dans la fantaisie romantique à la manière d'un formidable décor de théâtre, le rococo, qui lui succéda, symbolise une expression artistique beaucoup plus légère et de caractère presque intimiste. Il se définit surtout par la fluidité de l'arabesque qui déploie sa sinuosité ondulante sur tant de lambris, de stucs ou même de meubles du début du XVIIIe siècle.

L'exemple le plus heureux de l'architecture rococo est peut-être l'Amalienburg, pavillon de chasse construit et décoré de 1734 à 1739 par François Cuvilliés. Dans la salle des Glaces, en rotonde, le visiteur découvre avec stupeur un décor bleu et argent, des murs garnis de miroirs encadrés de lambris et un plafond aux stucs délicats. Partout, dans cet édifice à l'architecture au demeurant simple, foisonnent les représentations de fleurs, de fruits et de coquillages. En peinture, l'idéal romantique de l'époque rococo se trouve résumé à la perfection dans les

fêtes galantes d'un Fragonard, d'un Watteau, d'un Boucher ou d'un Lancret. Tous ces artistes ont évoqué des domaines enchantés où des silhouettes semblent flotter sur un nuage de couleurs évanescentes.

LE ROMANTISME GOTHIQUE

Vers le milieu du XVIIIe siècle, le style gothique a profondément influencé les créations d'inspiration romantique. Ici, à Strawberry Hill, dans le Middlesex, Horace Walpole a réalisé un étonnant plafond en papier mâché et décoré les murs de maintes copies de tableaux de Holbein. À l'extrémité de la pièce, dans une alcôve, on distingue le lit du célèbre écrivain, lit qui n'est pas sans rappeler ceux des seigneurs du Moyen Âge.

En Angleterre, cependant, le rococo allait avoir une influence considérable sur l'avenir de la décoration, mais par le biais d'un renouveau gothique, expression artistique particulièrement puissante. Phénomène étonnant dans la mesure où il se manifesta à une époque placée sous le signe de la raison et de la modération. Dans un ouvrage très célèbre intitulé *Gothic Revival* (1928), Kenneth Clark a cherché à l'expliquer :

> « Chaque style romantique reflète les rêveries de ses créateurs, quelque Utopie où ils vivent une vie imaginaire [...] Lorsque l'existence est difficile et incertaine, l'imagination aspire à la sérénité classique. Mais quand la société coule des jours paisibles, l'imagination appelle l'action à grands cris [...] Et le gothique, bien que proche en termes d'espace, paraissait exotique [...] Il offrait, outre un passé riche de souvenirs, une valeur décorative. Rien n'aurait pu exciter davantage le goût blasé du XVIIIe siècle. »

Parmi les représentants du XVIIIe siècle qui souscrivirent aux charmes du gothique, il convient de mentionner deux illustres personnages : les écrivains Horace Walpole et William Beckford. Outre ses talents littéraires, le premier était un grand amateur d'art et un collectionneur. En 1750, il se fit édifier la fabuleuse « villa » de Strawberry Hill, à Twickenham. Conçue telle une pièce de musée, Strawberry Hill évoque un décor de théâtre où l'on retrouve un style gothique lié à un développement asymétrique et à un traitement des détails hautement archéologique. Pastiche étonnant, Strawberry Hill alliait sans fausse honte les chinoiseries à des éléments classiques et rococo. Mais tel était justement le but visé par Horace Walpole.

Néanmoins, la demeure de William Beckford, Fonthill Abbey dans le Wiltshire, est sans conteste le fleuron du gothique pittoresque. « Résurrection des châteaux enchantés décrits par l'Arioste », Fonthill Abbey était un véritable palais de rêve construit entre 1796 et 1818 par James Wyatt d'après les plans mêmes de Beckford. Organisée à partir d'un octogone central drapé de mauve, la demeure présentait une distribution cruciforme qu'éclairaient des vitraux montrant des scènes historiques parfois fort éloignées de la réalité passée. Le mobilier s'apparentait au style rococo français et la nuance de peinture la plus souvent utilisée était un rose très peu monastique. Cet édifice, aux proportions impressionnantes puisque la galerie St. Michel était longue de près de quarante mètres sur quatre mètres de largeur, offrait cependant une structure peu solide. L'effondrement de sa tour centrale en 1825 motiva la destruction ultérieure de l'ensemble des bâtiments. Cependant, le souvenir de cette construction magique demeure.

Parapets crénelés, fenêtres coulissantes et barreaux étincelants associés à une ornementation pourtant légère apparaissent ensuite sur nombre de maisons anglaises du milieu du XVIIIe siècle. Il est vrai qu'on s'intéresse à nouveau à l'âge d'or de la chevalerie, période mythique qui a marqué bien des aspects des arts décoratifs anglais depuis les Stuart. Parallèlement à ces manifestations moderno-médiévales surgissent les folies, les ruines savamment construites qui, pour parachever le romantisme de l'environnement, égaient parcs et jardins.

À Fonthill, William Beckford surpassa jusqu'à Walpole dans l'adaptation de ses fantaisies médiévales. Cette aquarelle représentant l'extrémité sud de la galerie Saint-Michel, d'un rose étonnant, dépeint l'essence du style gothique.
Sur l'illustration voisine, on retrouve l'écho moderne de ces fantasmes du XVIIIe siècle.

Cette émotion romantique, l'Angleterre n'est pas seule à la vivre. Napoléon y est également sensible qui, après avoir distribué maintes couronnes à ses proches, leur offre maintenant de luxueux palais dont l'aménagement, réalisé à grands frais, doit souligner la gloire de son empire. La reine Hortense dispose donc d'un boudoir entièrement tendu de soie plissée bleue tandis que les fenêtres du bureau de Murat, à Naples, disparaissent sous des cascades de dentelles.

Le romantisme continuera d'ailleurs à s'exprimer en France jusqu'au milieu du XIXe siècle par l'intermédiaire de grands poètes, comme Baudelaire. Certes, l'Angleterre n'a rien à envier à sa voisine car bien des auteurs britanniques traiteront de l'harmonie sous-tendant les rapports de l'homme et de la nature. Ce thème qui allait forger le goût d'une nation a été en effet repris par Wordsworth, Coleridge, Blake, Byron, Shelley et Keats. Il trouve son prolongement dans le domaine de la décoration en la personne de Sir John Soane, précurseur de l'architecture moderne et dont la réalisation la plus marquante fut sa propre maison au 13 Lincoln's Inn Fields, à Londres. L'époque des rois George touchait à sa fin lorsque le gothique prit une expression plus

sobre. Des autorités en matière architecturale, influencées par l'austérité d'un victorianisme bien-pensant, critiquèrent la frivolité romantique d'édifices comme Strawberry Hill. Heureusement, cette sensibilité artistique trouva à se manifester dans les œuvres de la Confrérie des préraphaélites dont les toiles campent des Ophélie et des Isabelle et mettent en scène les grands épisodes de la légende du roi Arthur ou les beaux instants de l'amour courtois.

Une sensualité wagnérienne et une touche de décadence dominèrent la culture de la fin du XIXe siècle. Tendance que, dans son roman *À rebours,* J.K. Huysmans décrit à loisir :

« Il se résolut, en fin de compte, à faire relier ses murs comme des livres, avec du maroquin, à gros grains écrasés, avec de la peau du Cap, glacée par de fortes plaques d'acier, sous une puissante presse. »

« Les lambris une fois parés, il fit peindre les baguettes et les hautes plinthes en un indigo foncé, en un indigo laqué, semblable à celui que les carrossiers emploient pour les panneaux des voitures, et le plafond, un peu arrondi, également tendu de maroquin, ouvrit tel qu'un immense œil-de-bœuf, enchâssé dans sa peau d'orange, un cercle de firmament en soie bleu de roi, au milieu duquel montaient, à tire-d'aile, des séraphins d'argent, naguère brodés par la confrérie des tisserands de Cologne, pour une ancienne chape. »

Ici, l'aménagement de la Glasgow School par George Logan, contemporain de Charles Rennie Mackintosh, illustre la rencontre du moderne et du romantique. Logan a en effet utilisé la rose, symbole romantique s'il en est, pour couvrir toutes les surfaces disponibles de l'ensemble. De fait, courbes, teintes douces et motifs floraux s'allient pour créer une atmosphère aussi romantique que celle d'une fête champêtre à la Watteau, près de deux siècles auparavant.

MOUVEMENT « ESTHÉTIQUE » ET ART NOUVEAU

Ce tissu exotique Art nouveau, datant de 1899, mérite d'être comparé aux dessins élaborés des textiles rococo. Il arbore en effet des arabesques analogues, des plantes et des oiseaux stylisés et le thème du paon rappelle instantanément les travaux d'esthètes tels que James McNeill Whistler.

Le mouvement « esthétique » et l'Art nouveau furent les deux styles de nature véritablement romantique qui prévalurent avant l'apparition, dans les années vingt, du modern style. Le mouvement « esthétique » fut très marqué par l'art japonais et choisit pour motifs décoratifs les emblèmes du paon, du lis et du tournesol. L'Art nouveau, quant à lui, est indissociable de trois grands créateurs à la personnalité fort différente et qui, chacun à leur façon, ont produit une œuvre riche et tout à fait originale. Le Belge Victor Horta, épris de lignes courbes et de décorations fleuries, réalisa, entre autres, la Maison du Peuple, démolie en 1966, son ouvrage sans doute le plus remarquable avec sa façade entièrement en fer et en verre.

L'Écossais Charles Rennie Mackintosh joua à l'outrance d'une verticalité empruntée aux arts celte et japonais, annonciatrice du modernisme du Bauhaus. Enfin, l'Espagnol Antonio Gaudi construisit, dès 1878, une série d'édifices qui témoignaient de l'imagination la plus fertile des années d'avant-guerre. Gaudi sut, en effet, concilier la tradition de l'Espagne maure à une expression gothique extrêmement foisonnante et façonner des pièces où la courbe anéantit les angles droits, pour le plus grand plaisir de l'œil emporté dans un délire « spiralesque ».

LA DÉRAISON ADMISE

Après la Première Guerre mondiale, l'illusion romantique s'inspira, en matière d'aménagement intérieur, du théâtre. D'un salon à l'autre, fleurit un exotisme nouveau qui devait beaucoup à de fabuleux décors, dont ceux des Ballets russes réalisés pour *Shéhérazade* et *La Belle au bois dormant*, respectivement par Léon Bakst et Alexandre Benois. On se laissa donc séduire quelque temps par ce tourbillon de couleurs, de formes et d'harmonies mouvantes puis, à partir des années vingt, on en revint, en Angleterre du moins, à un style plus léger, plus lutin incarné dans les bals élégants et les joyeuses fêtes champêtres mises en scène par des peintres et des artistes-décorateurs tels que Rew Whistler et Oliver Messel. Cecil Beaton ne demeura pas indifférent à cette mode dont il s'inspira pour la décoration de sa maison d'Ashcombe dans le Wiltshire, maison décrite comme « une sorte de folie du XXe siècle ». Dans son roman *The Last of Uptake* (1941), malheureusement tombé dans l'oubli, Simon Harcourt-Smith évoque ce parfum de début de siècle :

> « La grotte avait la forme d'une coquille d'escargot et maints passages s'enfonçaient en spirales d'une pièce à l'autre. Il y avait un endroit semblable à la salle d'audience du Roi Neige, et un autre, nacré, qui était sans doute la salle de bal de Vénus [...] Dans l'un des bougeoirs en branche de corail et coquillage veillait encore une chandelle... »

Cet intérieur européen déploie une décoration où la somptuosité le dispute à l'exotisme, conformément au goût des années 1850. Le paon, les babioles venues d'Orient, la plante verte, la lourde portière à franges et les carreaux de céramique posés autour de la cheminée concourent à donner aux lieux une chaleureuse opulence.

Romantique, bien sûr ! Comment décrire autrement ce dressing-room d'un appartement parisien des années 1840, peint par François-Étienne Villeret ? À peine entré, on est enveloppé par des vagues de draperies de soie frappée de légers motifs floraux, en parfaite harmonie avec un mobilier clair et parfois peint. Mobilier qui n'est pas sans rappeler les époques rococo et Louis XIV et illustre ainsi l'éclectisme du goût français de la fin du XIX*e siècle.*

Cette maquette de chambre, réalisée pour la maison londonienne de l'actrice Faye Dunaway, illustre admirablement la pérennité de la rêverie romantique.

Cette peinture murale, que d'aucuns croiraient dater du XVIIe siècle, fut en fait réalisée par Rex Whistler en 1936 ! Elle appartient à une série de fresques effectuée pour la salle à manger de Sir Philip Sassoon à Plas Newydd, en Anglesey. Devant de telles créations, comment douter de l'intemporalité de l'idéal romantique ?

Pour une élite fortunée, décidée à se distraire durant ce qui déjà semblait n'être qu'une accalmie entre deux guerres, ces modes prenaient des allures de jeu exalté. L'évasion est l'essence de la fantaisie romantique. On le vit vers 1950, quand la majorité des gens chercha à s'évader grâce à ce rêve en argent massif, Hollywood. Sur la trame d'un écran pâle, la réalité se dissipait, fondue au soleil d'une magie souriante. L'univers de soie grège des comédies américaines devint une fantaisie décorative des plus communes.

Le phénomène médiatique n'est cependant pas sans conséquence dans la mesure où la diffusion de l'image finit par banaliser l'extraordinaire, au point que la fantaisie dépasse l'individualité. Heureusement, la marginalité aura toujours droit de cité et l'âme romantique ne pourra s'empêcher de recréer un environnement à son image. Ainsi, le peintre Graham Ovenden s'est-il construit à Barley Splat, près de Liskeard, en Cornouaille, et avec le concours de l'architecte Martin Johnson, une superbe maison victorienne. La pièce maîtresse en est une salle dédiée au grand artisan de la fantaisie du XIXe siècle, Lewis Carroll, et dont les vitraux illustrent des scènes tirées de *Alice au pays des merveilles*.

Aujourd'hui, il semblerait que le goût du divertissement ait pris le pas sur la nécessité. Mais peut-être faut-il y voir la réalité d'un style romantique actuel ?

De nos jours, tout un chacun peut s'abandonner, pour la décoration de son intérieur, à ses rêveries romantiques. Il suffit de jouer de couleurs, de tissus et de meubles. Qu'il s'agisse d'un univers de dentelles, d'armures chevaleresques ou de fleurs coquettes, la déraison est souvent une source d'inspiration quasi inépuisable pour l'un des thèmes décoratifs les plus séduisants de notre époque.

LE STYLE ROMANTIQUE

Laura Ashley

L'essence du romantisme vise à instiller de la fantaisie dans notre vie quotidienne. Invitation à s'abandonner aux extravagances, aux audaces, afin de s'inspirer de thèmes d'antan, comme ici avec ce pavillon médiéval, pour leur donner une apparence tout à fait originale et neuve.

Jamais encore, dans l'histoire de l'aménagement intérieur, ne s'est manifesté un tel engouement pour le style romantique, qu'il vise à évoquer le passé, des terres lointaines ou une humeur particulière.

Certes, la maison Laura Ashley symbolise depuis longtemps le romantisme de l'Angleterre victorienne, univers tissé de roses et de dentelles, mais elle sait également donner à chacun les moyens de broder un décor à la mesure de ses rêves. « Le style romantique, c'est la rêverie de son créateur. » Affirmation souvent matérialisée dans la réalité sous la forme d'une chambre très féminine où, contre le plus pâle des roses, éclôt une profusion de roses sur chintz ; mais elle peut prendre l'opulence théâtrale de boudoirs tendus de tissu rappelant les *Mille et Une Nuits* ou se transformer en une fraîche retraite fleurie à l'abri des rayons brûlants d'un soleil tropical.

Pour Laura Ashley, le secret d'une telle métamorphose tient à l'association délicate de couleurs subtiles, de textiles splendides et de détails exquis qui prêtent aux lieux une apparence de douce extravagance et de luxe.

C'est dans la serre que maison et jardin s'unissent le plus harmonieusement. Cet exemple superbe, conçu voici près d'un siècle, fait partie d'un château du nord de la France. Les textiles, semés de bouquets et de passementeries, font écho à la débauche de fleurs naturelles. Véritable paradis où les gourmands à l'âme romantique pourront, l'été, pique-niquer de fraises nappées de crème !

Quintessence de l'esprit romantique que cette chambre rose où trône un vaste lit... de roses ! Thème récurrent lié, bien entendu, à la roseraie qui déploie sa gloire derrière la fenêtre blanche. Ici, deux imprimés se côtoient pour notre plus grand plaisir et s'organisent autour du lit à l'ange. La courtepointe, les draperies et les rideaux sont semés d'énormes roses-choux tandis que le jupon, les doublures, le sofa, le petit banc et le tabouret pour les pieds s'ornent de ravissants boutons de rose. Quant aux coussins, ils ont emprunté aux deux textiles, conjuguant admirablement le thème de la reine des fleurs sans jamais engendrer la moindre lassitude. Sur les murs rose pâle, nulle décoration hormis une légère frise, qui reprend et souligne le thème dominant de la pièce, et aussi quelques tableaux plein d'un charme subtil. Les rideaux, fidèles à l'atmosphère des lieux, arborent maintes fronces délicates, ajoutent à l'attrait de l'écritoire enrubanné et coiffé d'un superbe bouquet de pivoines et de lis blancs. En contrepoint à cette fugue en rose, le tapis aux tons bleus et le tabouret au pied du lit marquent par leur présence les limites à ne pas dépasser dans l'utilisation généreuse d'un sujet... aussi fleuri soit-il !

Dans un manoir, une chambre avec salle de bains contiguë fournit une occasion inespérée de broder un thème décoratif d'ensemble. Ici, le bleu saphir et le blanc jouent les nuances de base, agrémentées dans la chambre d'un jaune éclatant inspiré des coucous au printemps. Au-delà de l'harmonie sous-jacente, chaque pièce garde son caractère, sa personnalité propre. Ainsi, la chambre et ses draperies de mousseline présente-t-elle un aspect romantique éthéré alors que la salle de bains, malgré ses fenêtres cernées d'un voilage identique, offre une apparence plus dynamique, comme en témoigne le tissu à rayures sur le rebord de fenêtre. Remarquez aussi, dans la chambre, le bleu du plafond repris sur la partie inférieure du mur, le chandelier en fer forgé délicatement ouvré, copie d'un original français du XVIIe siècle, auquel répond le châlit et ses lignes pures. Ce sont précisément ces lignes qui donnent à l'endroit une pureté, une innocence accentuées par le fauteuil en osier, le plancher nu et les jeux de mousseline drapée sur le manteau de la cheminée et surtout au-dessus du lit, où un arc en plein cintre constitue un cadre idéal pour une telle fantaisie. Cette mousseline se retrouve dans la salle de bains, qui adoucit les lignes de la pièce tout en faisant écho à la décoration de la chambre. Autour du lavabo et sur le fauteuil, un imprimé à treillis adresse une œillade malicieuse à la baignoire. Cette touche féminine est d'autant plus marquée qu'intervient une bordure de céramique bleue, reprise ici et là, sur le sol clair.

Quoi de plus romantique que ce salon victorien où coulent des matinées ensoleillées ? La lumière irisée perlant par les doubles fenêtres invite à des petits déjeuners paresseux, à de longues promenades au hasard d'une pelouse nappée de rosée. Tout naturellement, on a donc cherché à recréer le thème du jardin, du soleil. De fait, la pièce est dorée de jaune coucou, en simples rayures sur le papier, en glorieuses roses mordorées sur le chintz recouvrant le sofa et encadrant la fenêtre. Cette dernière a été traitée avec tous les honneurs qu'elle méritait et s'enorgueillit d'un lambrequin magnifique, de longues draperies, retenues par des embrasses assorties, qui caressent doucement le sol. Les roses grimpent jusque sur la corniche, où une véritable guirlande offre un contraste vivifiant avec les douces rayures du papier. Le tapis participe de cette fête des yeux, arbore des tons jaunes. Remarquez la nappe bordée de doré, les curieux fauteuil et tabouret victoriens qui ajoutent à la complexité décorative de l'ensemble ; les deux tapis, splendides, qui déploient une profusion de fleurs de jardin jetées en de délicieuses arabesques comme si des parterres colorés invitaient leurs hôtes à s'aventurer au pays du rêve. Une chaise en bois, ornée d'un coussin à petits carreaux, s'intègre au décor et sur le dessus du meuble en écoinçon, espace souvent négligé, deux amoureux ceints d'une couronne de laurier, accentuent le romantisme de la pièce.

Ce boudoir tendu de tissu constitue le summum d'un romantisme opulent et exotique, créé à partir d'un espace situé sur l'un de ces demi-étages fréquents dans la capitale londonienne. De somptueuses draperies masquent à merveille des alcôves asymétriques, conformément à la tradition d'un style friand de trompe-l'œil et d'astuces. Le lambrequin, divin, s'est inspiré d'une réalisation créée, dans l'Angleterre des années 1800, pour une pièce pareillement tendue de tissu. Ici, véritable tour de force, on a utilisé partout le même textile à rayures cramoisies sur fond jaune luxueux ponctué de bouquets de fleurs, textile inspiré d'un fragment de soie du XVIIIe siècle, peinte à la main, aujourd'hui conservée au Whitworth Museum de Manchester. Le rouge des fleurs se voit souligné par des franges spécialement teintes, et aussi par les coussins. Deux d'entre eux ont d'ailleurs été confectionnés à partir d'une soie espagnole du XVIIe siècle frappée d'appliqués à l'or de style mauresque. Cette pièce, aux allures de joyau, prend, avec son ottomane campée devant la fenêtre, une saveur orientale riche de charme. Un socle de laiton égyptien ajoute une pointe de mystère à ces lieux où veille une lampe de cuivre vénitienne du XVIIIe siècle. Enfin, parmi les objets surprenants, notez les embrasses victoriennes en forme de feuille d'acanthe ainsi que le petit secrétaire, doté à ses quatre coins de ravissantes bougies.

Pour cette salle de bains luxueuse et originale, la tentation gothique s'est ici combinée à une grande débauche florale. Dotée d'un espace étonnamment vaste, cette pièce joue à merveille d'une splendide baie vitrée dont les rebords ont été aménagés à l'aide de coussins, ancrage délicieux derrière des rideaux semés de motifs floraux, ourlés de fronces, décorés de rosettes et de nœuds à la mode Régence. Ce tissu se retrouve sur de petites tables rondes encombrées d'objets pleins de charme : ici, des cadres pour photographies, là, de vieux flacons de parfum à bouchon d'argent ainsi que des miroirs et des boîtes à poudre. Le goût victorien pour l'art gothique se traduit par la dominante jade foncé, par les arches stylisées, soulignées de vert plus clair à l'instar des corniches, du pourtour de l'encadrement du lavabo et de la baignoire, qui accentuent le caractère particulier de cette pièce. Remarquez dans l'alcôve où se niche le lavabo, le miroir richement orné flanqué de deux supports rappelant d'antiques bougeoirs, mais sur lesquels on a posé, plus prosaïquement, after-shave et parfum. Quant aux toilettes, elles se voient décorées de tableaux serrés dans des cadres de coquillage, le résultat évoquant quelque peu les grotesques. Autres éléments gothiques : le tabouret aux pieds en X et le paravent en tapisserie.

Ce lit d'angle est une idée extraordinaire, qui transforme une simple couche en mini-boudoir. Dans une telle pièce, en effet, un lit à colonnes eût pris trop de place. En revanche, ce lit d'angle, inspiré d'une aquarelle du XIXe siècle signée Marcel Blairat, préserve l'espace tout en lui donnant une tonalité merveilleusement poétique. Sur le chintz, de jolis pois de senteur roses voisinent avec un feuillage vert jade qui rappelle les nuances du papier peint. Chintz aussi pour les draperies, le lambrequin à rosettes découvert dans un guide du rembourrage du XIXe siècle, le jupon et la courtepointe. Au niveau de la cimaise, une bordure-galon en trompe l'œil évoque le rose du tissu. Hormis ce lit spectaculaire, la chambre vit à un rythme paisible. Les pois de senteur décorent les coussins et les coussinets, adoucissent les angles durs du mobilier ; ils fleurissent également sur la coiffeuse, délicatement ourlée de dentelles et ornée de divers accessoires victoriens ainsi que d'un miroir Régence en ronce de noyer flanqué de tiroirs pour boîtes à poudre et autres bibelots. Le mobilier, exception faite du fauteuil en acajou, est en hêtre peint de motifs typiquement victoriens. Un nécessaire de toilette avec son broc et sa bassine au-dessus duquel pend une jolie broderie en satin ivoire, commencée aux alentours de 1700 et non terminée, ajoute une touche de charme à cette pièce pleine de tendresse.

Le terme romantisme ne va pas nécessairement de pair avec un décor fleuri, ne symbolise pas systématiquement la féminité. Bien au contraire, il peut s'associer, comme ici, à une certaine conception de l'extravagance. Résultat : un havre fastueux permettant d'échapper aux réalités quotidiennes. Pour dresser ce cadre somptueux, deux matériaux simples : peinture et chintz appliqués en une débauche écarlate qui touche chaque élément de la pièce depuis les murs jusqu'aux lambris sans oublier, fabuleuse audace, le cadre de la cheminée qui rappelle ainsi le rougeoiement des flammes et forme un contraste frappant avec les cœur et contrecœur sombres. Le chintz déploie son soyeux partout, sur le sofa, le fauteuil, les abat-jour, les napperons et même sur le coussin destiné au panier du chien. Imaginez la splendeur de cette pièce quand, la nuit venue, il faut allumer les chandelles, les lumières douces ! Le chintz s'éclaire alors en un clair-obscur émouvant et sensuel, marqué d'ombres profondes donnant aux tonalités rouges toute leur force d'autant que, par endroit, des tissus plus lourds, de nuances cramoisies, magenta, viennent accentuer leur éclat. Telle est la fonction de ce magnifique kilim sur le sol, de ces coussins éclaboussés d'or et disposés sur le sofa, des rideaux en guirlande, des tabourets tapissés de velours sombre et surtout de ce tapis de table aux longs plis souples, et bordé, comme le sofa et le rideau, de franges généreuses.

Cette véranda en Floride est un véritable paradis, un havre d'ombre et de fraîcheur où il fait bon s'abriter à midi de la chaleur tropicale.
Pour définir cette atmosphère, les murs se font blancs contre des treillis en bois brut, des pots et des carreaux couleur de terre cuite, des meubles en osier et rotin aux nuances miel et une débauche d'hortensias d'un rose éclatant. Le tissu, à fines rayures blanches sur fond sable, reprend ces tonalités, les décline. Les coussins, pour mieux se mettre en valeur, font des effets de passementerie et leurs semis fleuris saluent le rose des hortensias. Ce tissu décore également le large store et l'ottomane proche. Pour éviter la monotonie, il fallait cependant utiliser un autre imprimé. On a donc choisi des motifs de fleurs sauvages rose foncé et bleus sur fond chamois, rappelant les nuances du treillis et du carrelage. Ce textile, utilisé avec plus de parcimonie, est gansé de rouge.
Installés dans de grands pots ou dans des caisses, des arbustes aux feuilles brillantes soulignent la hauteur de la pièce tandis que le treillis, travaillé à la mauresque, permet à la lumière, déjà filtrée par le feuillage extérieur, de tresser un délicieux lacis en noir et blanc sur le sol carrelé. Enfin, un ventilateur ancien ronronne doucement, sans altérer la quiétude d'une sieste en cet endroit enchanteur.

Le cadre naturellement romantique de ce château français demandait une décoration lyrique adaptée à son environnement. Voici donc le vestibule, lieu décontracté où il fait bon prendre l'apéritif ou s'asseoir pour bavarder lorsque le salon s'avère définitivement trop grand. Les atouts majeurs de cette pièce : la multitude de fenêtres ouvertes sur la lumière douce des après-midi et sa terrasse menant au jardin. Un trumeau de glace reflète le jeu des fenêtres opposées, capte les rais du soleil et accentue l'aspect aéré de l'endroit. Dans un tel univers, il importait de bien choisir les rideaux. Cet imprimé de roses et de fuchsias sur fond sable se révèle parfaitement adapté, d'autant que les lambrequins à frange soulignent admirablement la noblesse confortable des encadrements. Les fauteuils ont bénéficié d'un coton à motifs floraux plus denses, plus conformes à la taille des sièges tandis que l'on a retenu pour le sofa un thème plus géométrique évoquant, en sable et blanc, le tressé de l'osier. Mélange des genres propice à l'ambiance détendue de ce vestibule délicieusement ouvert sur un paysage pittoresque, sur une nature généreuse.

LE STYLE
D'ÉPOQUE

LE STYLE D'ÉPOQUE

Traditions d'Antan

Qui ne rêve pas, au plus profond de soi, de vivre dans une maison d'époque, qu'elle s'apparente au style des rois George (comme ici sur cette peinture de John S. Goodall), à la période victorienne ou aux années vingt ? Qui n'a jamais rêvé de remonter le temps pour vivre une existence différente ? De fait, nombre de gens essaient aujourd'hui de redonner à leur demeure son apparence d'antan…

La recréation visuelle du passé constitue l'un des « must » des sociétés occidentales modernes. Dès l'acquisition d'une maison bâtie dans les années 1740, par exemple, le processus est enclenché.

Le chineur heureux ne manquera pas de dénicher alors une ravissante table de style rococo et se retrouvera bientôt, sans avoir le temps de comprendre ce qui lui arrivait, à la tête d'un intérieur en tout point conforme à un décor théâtral conçu pour *Les Noces de Figaro !* Cette situation pour le moins déroutante, c'est celle qu'Osbert Lancaster dépeint ainsi dans son roman *Here Of All Places,* publié en 1959 :

> « La seconde voie permettant d'échapper à […] l'austérité menait, non point vers les jungles de l'Amazonie, mais directement dans le petit salon de tante Harriet […] Bientôt, un bureau victorien se trouvait annoncer presque inévitablement l'arrivée d'ottomanes, de tapisseries d'Aubusson, d'écrans pare-feu incrustés de perles, de vases signés par les frères Martin, de lustres, de portières et de verrerie de Bohême offrant, en gravure, une vue du casino de Marienbad. »

Cette remarquable maison de poupée réalisée, à Nostell Priory dans le Yorkshire, par Thomas Chippendale, recrée en miniature la demeure des années 1740. L'entrée s'ouvre sur un hall lambrissé de chêne et au sol parqueté. Un valet en livrée veille sur le foyer ouvert dans la cheminée de marbre. À gauche du hall, dans un salon, la jeune fille de la maison vaque à ses occupations. Sur les murs lambrissés, au-dessus de l'âtre, un paysage d'influence hollandaise. À droite du hall, la cuisine où un autre valet nettoie l'argenterie. Au premier étage, la chambre des maîtres de maison arbore de superbes draperies de velours rouge. À gauche, le dressing-room à la cheminée de marbre blanc, aux murs décorés de peintures à la chinoise. À droite, le grand salon jaune et or présente des panneaux ornés de scènes champêtres. Au dernier étage, chambre et dressing-room s'enorgueillissent de draperies de soie jaune, donnant à penser qu'il s'agit des appartements privés de la maîtresse de maison. À droite, une chambre d'enfant se pare d'indienne fleurie admirablement mise en valeur par le bleu des murs peints.

Pourtant, quoi de plus naturel que ce retour au passé ? Depuis le jour où architectes et philosophes italiens de la Renaissance ont cherché, chez les Anciens, la source de leur inspiration, les créateurs n'ont cessé de reproduire des styles appartenant à des époques révolues. Au XVIIIe siècle, l'imagination européenne a joué des splendeurs marmoréennes chères aux classiques. Le XIXe siècle, en revanche, a suivi nombre de renouveaux stylistiques dont une phase « médiéviste » largement suscitée par la popularité des romans chevaleresques de Walter Scott. L'auteur de *Waverley* fut en effet le premier écrivain à s'intéresser à la féodalité, à en restituer les coutumes riches de détails concernant tant les communications que l'habillement ou le mobilier.

Aujourd'hui, une meilleure connaissance du passé permet de disposer d'une machine à remonter le temps pour mieux aménager son intérieur, en fonction de ses goûts ou de ses caprices historico-sentimentaux.

Il est vrai qu'un mobilier d'époque peut se prêter à bien des variations. Les partisans d'un respect scrupuleux aux normes d'antan se conformeront, bien entendu, aux règles convenues tandis que les amateurs d'éclectisme préféreront recourir à quelque cohabitation hardie, voire provocante, mais néanmoins pleine de charme et de confort. D'aucuns, enfin, utiliseront une technologie moderne comme un écrin destiné à mettre en valeur un décor d'époque.

Le XIXe siècle connut ces trois tendances. A.W.N. Pugin choisit ainsi la troisième option : pour lui, en effet, l'architecture chrétienne et le renouveau gothique prêtaient une grande valeur morale à son œuvre. Cependant, les contemporains de Victoria ne boudèrent guère cet éclectisme caractéristique de nombreux intérieurs anglais de l'époque. Enfin, la fidélité au passé prévalut également, ainsi qu'en témoigne le récit d'une visite effectuée en 1827, à Cothele, en Cornouaille, récit tiré de *The Three Howard Sisters* de Lady Leconfield et John Gore :

> « Un excellent repas nous attendait dans cette délicieuse salle à manger dont vous devez sûrement vous souvenir. On se sentait véritablement ramené à l'époque où la demeure avait été construite : tout était en parfait état et fidèle à l'esprit d'antan, les vieilles assiettes en étain, aux armes de la famille, les verres à vin, longs et étroits, les salières, les cuillères, les fourchettes, les chopes, les plateaux [...] tout était parfaitement assorti. »

Cet engouement pour le respect dû à l'authenticité historique gagna progressivement l'Europe tout entière. Néanmoins, ce fut l'Angleterre qui donna l'exemple. Dans les années vingt, en effet, les Britanniques s'intéressèrent à nouveau au style des rois George. Cette tendance se marqua davantage au cours de la décennie suivante à mesure que les classes aisées délaissaient le style moderne. Un nouvel enthousiasme se manifesta en faveur d'un classicisme auquel se référaient des architectes tels que Raymond Erith et Lord Gerald Wellesley. Cependant, avant d'en arriver là, revenons à une évolution historique de la décoration vue au travers d'un hôtel particulier, sous les rois George, vers les années 1730, puis sous la Régence aux alentours de 1815, d'une demeure victorienne en 1860 et enfin d'un intérieur d'avant-garde aux environs de 1920.

Ci-dessus : A Tea Party at Lord Harrington's House. *Cette peinture réalisée en 1730 par Charle Philips dépeint à merveille le style de vie d'une certaine élite, réunie ici dans un intérieur typique de l'époque des rois George. Gentilshommes et dames de la meilleure société dégustent un thé dans un service en porcelaine bleu et blanc, peut-être importé de Chine, tout en jouant aux cartes. Les lambris, d'un riche bleu vert, font écho à la tenture de damas, à droite. En ce temps-là, on avait encore coutume de repousser les meubles dès le départ des invités !*

Ci-contre : *Au XVIIIe siècle, la vie à Londres était souvent bien difficile, voire dangereuse. Covent Garden avait la réputation d'être un haut lieu du crime et du vice.*

L'HÔTEL PARTICULIER EN 1730

La vie dans l'Angleterre de 1730 ne ressemblait guère à celle que connaissent aujourd'hui les Britanniques. En 1727, George II succède à son père. Dans le domaine artistique, le peintre et graveur William Hogarth stigmatise les comportements de la société qui l'entoure, saisit l'ambiance des intérieurs raffinés comme l'atmosphère des rues londoniennes. L'époque est difficile, la mortalité infantile terrifiante. L'espérance de vie est de trente-cinq ans. Fièvres et maladies vénériennes font partie de la vie quotidienne et les épidémies de typhus ne sont pas rares. Si les pauvres succombent au scorbut, les riches subissent des accès de goutte et on rapporte même que des dames de la bonne société sont mortes pour s'être appliqué un maquillage au plomb !

Les classes populaires se nourrissent de pain, de fromage et de lard arrosés de thé, de bière et de gin. Les gens aisés savourent des rôtis de bœuf, du gibier, des fruits et du chocolat. Ils disposent même de sucre.

Le cognac est de rigueur, mais le vin se boit néanmoins à la pinte. Le petit déjeuner se prend à dix heures tandis que l'on se contente d'une collation légère à midi. Le repas principal est servi vers le milieu de l'après-midi. Quant à la bonne société, il n'est pas rare qu'elle déguste un souper vers les neuf heures du soir. Il est de bon ton d'inviter des amis pour un repas souvent suivi d'une partie de cartes ou d'un bal ou pour un *high tea,* réunion conviviale prétexte aux commérages ! Mascarades et concerts sont également prisés, sans oublier les jeux d'argent qui sévissent autour des tables comme sur les champs de course.

Dans la capitale aux maisons de brique rouge et de stuc, conformes au décret passé après le grand incendie de 1666, le vacarme, en 1730, était intense : cris des marchands de poisson, des vendeuses de fleurs, des boulangers, des rémouleurs, des ramoneurs, des livreuses de lait. Dans cet univers bousculé, la criminalité prenait des proportions alarmantes. L'apparence des habitations s'en ressentit puisqu'il fallut, pour atteindre la solide porte d'entrée, emprunter une sorte de minuscule pont jeté au-dessus d'une excavation pratiquée entre la maison et une courette, elle-même entourée de grilles aux pointes acérées.

Le XVIIIe siècle enregistra une augmentation spectaculaire de la spéculation immobilière et, en 1720, Grosvenor Square est flanqué de maisons identiques, d'allure palladienne. Le passant a ainsi l'impression de se trouver en face d'un unique palais orné d'un fronton central. À l'intérieur de ces demeures grandioses, les pièces sont incroyablement petites et leur décoration fort sommaire. L'élément clé de la maison est la cheminée dont le conduit de fumée, bordé de deux niches supportant des étagères, se voit décoré d'un motif en stuc ou d'un tableau. Quant au foyer, il accueille le seau à charbon en hiver et disparaît derrière un tablier en été.

Les murs, en boiseries de chêne, reçoivent ensuite un placage de pin ou de cèdre. Le placage bénéficie d'une couche de peinture choisie en fonction d'une gamme restreinte de coloris. Dans les années 1730, on affectionne tout particulièrement le rouge cramoisi et le vert sombre pour les salles de réception. Parfois, on recourt au bleu vif agrémenté d'or. Au fil du siècle, cependant, les couleurs s'éclairent, mais on continue à bouder le jaune. Le blanc, lui, a parfois l'honneur d'orner les murs d'un salon. On aime aussi les finitions soignées et les effets de veinage, de marbrure sur le plâtre des parois. Enfin, on n'hésite pas à prévoir une baguette de protection pour éviter que les meubles ne viennent endommager les lambris !

Les fenêtres à châssis, constituées de nombreux petits carreaux, sont typiques de l'époque. Sur le sol, on dispose des panneaux de bois peints ou polis, ou du parquet. Souvent, on noircit le tout à la suie, ou à la petite bière, pour dissimuler la saleté ! Matin et soir, on frotte le sol à l'aide d'un mélange de thé et de lavande qu'on laisse ensuite à côté d'une plinthe. Quant aux tapis, leurs origines sont diverses. Ils peuvent venir d'Orient, mais on apprécie énormément les productions de la Savonnerie, près de Paris. Les moquettes ne font leur apparition qu'aux

Les élégantes fenêtres à châssis constituaient une des caractéristiques de l'hôtel particulier géorgien. Elles s'habillaient souvent de rideaux relevés, comme ici sur cette peinture représentant un salon anglais. Remarquez la beauté des motifs du tapis et la bibliothèque vitrée.

The Graham Children. *Sur ce tableau signé Hogarth et datant de 1742 nous apparaissent nombre de détails propres à la maison du* XVIII*e siècle, tels le carrelage à dalles contrastées ou le lourd rideau de velours en arrière-plan à droite. Conformément à la mode géorgienne, des clous dorés retiennent le coussin recouvrant le fauteuil. Quant à la pendule richement ornée, elle semble correspondre à une variante précoce du style rococo.*

alentours de 1750. Plus communs sont les tapis de sol en grosse toile peinte et décorée de motifs géométriques. Le mobilier présente un aspect lourd. Très travaillé, il repose en général sur des pieds *cabriole* ou *claw-and-ball*. Le terme cabriole provient du français et signifiait à l'origine saut de chèvre. Il finit par s'appliquer à tous les pieds de meubles ayant une forme courbe. Bientôt, ils prirent l'allure d'une patte d'animal, puis d'une serre d'oiseau reposant sur une boule qui lui servait de base, d'où son appellation en anglais. Enfin, le bois à la mode est alors le noyer bien que l'on utilise beaucoup chêne et frêne.

En 1727, William Kent se taille un certain succès en créant un mobilier agrémenté d'amours, de guirlandes, de feuilles d'acanthe et de coquillages inspiré d'œuvres italiennes des XVIe et XVIIe siècles. Puis vint la mode des meubles laqués rouge ou noir, de goût oriental, qui voisinaient avec des vitrines où l'on serrait la porcelaine et de splendides bibliothèques à la façade imposante. Signalons aussi l'usage de la table en chêne aux pieds minces dite *gate-leg*.

Le capitonnage était encore peu répandu. Le fauteuil traditionnel était garni d'un simple coussin destiné à garantir un minimum de confort, mais sans… excès ! Les capitons, quand il y en avait, étaient fixés à l'aide de clous dorés et bordés de soie. Parmi les tissus utilisés pour les chaises, citons les damas, les chintz, les velours à galons de fils d'or ou d'argent, de dentelles aussi. Ces merveilles se dissimulaient souvent derrière un cache-misère en coton rayé ou à carreaux. Il fallait, en effet, une grande occasion pour que l'on avançât aux visiteurs ces sièges luxueux sur lesquels éclataient fleurs, paysages ou motifs exotiques.

Dans la maison géorgienne, harpe et épinette avaient leur place. Nombre d'autres objets étaient disposés, tels les écrans pare-feu déjà cités, et aussi, pour protéger la maisonnée des courants d'air, des paravents souvent tendus de papier, de temps à autre peints et bordés d'un ruban. Parfois, cependant, ils étaient en tissu ou en cuir de Cordoue. On se devait de déployer nombre de miroirs. Au salon, par exemple, ils se composaient d'une série de panneaux de glace enchâssés dans un cadre rappelant le châssis de la fenêtre et lui-même serti dans le lambrissage. Dans les chambres à coucher, ils devenaient miroirs de toilette, souvent posés sur un support doté de tiroirs.

La porcelaine de l'époque était importée et présentait donc des motifs orientaux. On avait la folie des chinoiseries ! Néanmoins, on ne dédaignait nullement les faïences bleu et blanc de Delft, les figurines représentant bergers et bergères de Meissen. Les gens aisés disposaient aussi d'une superbe argenterie réalisée par des artisans huguenots qui avaient gagné l'Angleterre pour échapper aux persécutions religieuses. La verrerie, enfin, inspirée des techniques vénitiennes, prenait des allures torsadées et des reflets chatoyants.

Pour l'éclairage des maisons, il ne fallait compter, à l'époque, que sur la seule flamme des bougies. Réalisées à partir de mauvaises cires, ces chandelles sont placées sur des appliques, des chandeliers, des girandoles ou même des lustres dont les gouttes de cristal réfléchissent la

lumière. La qualité de l'éclairage d'un intérieur indique le niveau social de l'hôte. En 1731, à l'occasion de la visite d'un émissaire français, Horace Walpole dépensa quinze livres sterling par nuit afin que son hall brillât des feux de cent trente bougies ! Par ailleurs, on ne se contentait pas seulement de chandelles blanches. Le duc de Chandos les préférait vertes, paraît-il. D'autre part, il arrivait que l'on utilisât des bougies parfumées. Le myrte, considéré comme délicat, était particulièrement apprécié.

Une amélioration de la technique de la gravure sur bois, en relief, permit de réaliser de grands progrès en matière de papiers imprimés, de papiers veloutés dits tontisses qui, saupoudrés d'étoffes hachées, prennent une belle apparence. Parmi les motifs les plus employés revenaient les oiseaux, les plantes, certaines silhouettes. Cependant, dès la fin des années 1720, apparurent également des papiers chinois ornés de thèmes floraux.

La pièce la plus richement décorée était bien entendu le salon avec ses corniches, sa cheminée, ses tapis, ses lourdes portes en chêne massif et ses fenêtres, aux encadrements minutieusement sculptés, fermées par d'authentiques volets et protégées par un rideau accroché derrière une cantonnière. Mais la chambre principale, malgré un mobilier fort rare, faisait bonne figure avec ses tapisseries et ses tentures de velours en hiver, de soie ou de satin en été, et son lit à colonnes flanqué de lourdes draperies pour mieux bannir les funestes courants d'air, toujours eux ! Pièce d'apparence plus modeste, voire plus triste, la cuisine affichait des murs bleus ou verts, couleurs réputées éloigner les mouches ! Sur le sol de dalles, une viande à la broche rôtissait au-dessus d'un foyer ouvert, entouré de la traditionnelle jonchée.

L'HÔTEL PARTICULIER DURANT LA RÉGENCE, EN 1815

En 1815, le visage de l'Angleterre, bouleversée par l'impact de la révolution industrielle et vingt ans de guerre, avait terriblement changé. Le roi George III, souvent surnommé « le fermier George » en raison de son intérêt pour l'agriculture, avait été déclaré fou depuis déjà quatre ans et son fils, le futur George IV, assumait la régence. Cette période, qui dura jusqu'au couronnement du prince héritier en 1820, fut marquée par l'extravagance du futur roi qui influença les mœurs et les coutumes et lança maintes modes. L'arrogance et les excès de l'élite de cette époque se trouvent résumés dans le personnage du dandy, gentilhomme imbu de sa perfection, obnubilé par un tyrannique respect de l'élégance. En ce temps-là, le beau Brummel était le modèle de la société britannique et le Prince-Régent, son trouble héros.

L'heure était à la légèreté, à la frivolité, du moins pour l'aristocratie et la bourgeoisie. Les maladies ne prenaient plus ce caractère épidémique qui prévalait près d'un siècle plus tôt. La mortalité infantile reculait. La famille, le foyer devenaient des valeurs d'importance, mais on était

Au XVIII*e siècle, l'éclairage était considéré comme un luxe et le prestige des réceptions dépendait souvent de la quantité de chandelles utilisées en l'honneur des hôtes. De toute évidence, cette mascarade à la King's Opera House à Haymarket, à Londres, fut un événement d'importance. On rapporte en effet qu'à cette occasion, plus de cinq cents chandelles furent brûlées, éclairant la scène d'une semi-pénombre coutumière des intérieurs géorgiens de l'époque.*

Ci-dessous : *Cette scène de chasse fut exécutée vers le milieu du* XVIII*e siècle pour un magistrat irlandais, grand amateur de sports équestres.*

Ci-contre : *Cette pièce d'une demeure française de la période post-Empire illustre parfaitement la désinvolture croissante qui marquait alors l'aménagement intérieur au temps de la Régence. Aux murs, un papier à rayures bleues restitue une atmosphère propre aux tentes, aux pavillons, sans pour autant s'abandonner à un exotisme fréquemment associé à de tels thèmes. Notez les tentures des rideaux et les franges du lambrequin rappelant le pourtour des plinthes.*

encore loin de la rigueur victorienne à venir. Il suffit de lire Jane Austen et son roman *Persuasion* (1818) pour s'en convaincre. Les Musgrove manifestent en effet une décontraction relativement neuve. Les femmes en profitent d'ailleurs, qui se détendent, alanguies dans de simples et élégantes tenues de cotonnade ou de mousseline.

Les héroïnes de la maison évoluent désormais dans des demeures construites en pierre de Portland. Le liais l'emporte sur la brique rouge, quand elle n'est pas dissimulée sous une couche de stuc, lui-même peint pour imiter l'apparence de la pierre ! En revanche, le plan ne diffère guère de celui qui régentait la résidence géorgienne de 1730. Certes, il n'y a toujours que deux pièces par étage, mais l'intérieur s'éclaire, s'aère.

Les fenêtres ont pris de l'ampleur. Elles sont toujours à guillotine, mais les carreaux de verre sont moins nombreux, entourés qu'ils sont par de petites baguettes de bois vernissées. Au salon, on voit apparaître la porte-fenêtre. Les volets intérieurs sont également présents, souvent à demi dissimulés derrière de lourds rideaux de soie, de lin ou de chintz. Lorsque le tissu n'est pas rayé surgissent de délicats motifs fleuris, identiques à ceux qui parent les robes des élégantes de l'époque.

Les papiers peints sont de plus en plus populaires et leurs couleurs répondent généralement aux nuances et motifs des capitonnages et des rideaux. Satinés ou veloutés, ils sont, le plus souvent, rayés jaune et noir. Parfois cependant, ils imitent le marbre ou bien présentent des motifs abstraits bleu et noir.

Durant la Régence, l'apparence extérieure des maisons prit une allure plus désinvolte, mieux adaptée à un style de vie plus simple. Pour ce faire, on recourut de plus en plus, comme ici à Bath, à la pierre de Portland. Par ailleurs, les fenêtres à châssis s'agrandissant, on attacha une importance accrue à la lumière naturelle.

La cheminée, en marbre blanc bordé d'or ou en marbres contrastés, devient plus sobre. Sous le linteau moins imposant, l'âtre se pare d'une grille à pieds à griffe ou de chenets de style égyptien.

Sur les sols de bois poli s'étalent toujours des tapis, mais on choisit désormais des fabrications anglaises, Axminster, Kidderminster ou Wilton, ornés en leur centre d'un beau motif floral auquel correspond la bordure.

Les meubles ne sont plus repoussés contre les murs lorsque nul visiteur ne se manifeste. Bien au contraire, on les dispose avec goût pour créer une ambiance plus intime, plus chaleureuse. L'aménagement intérieur de cette époque subit en effet l'influence d'un riche négociant, amateur de beaux objets, Thomas Hope. Ce dernier a beaucoup voyagé en Extrême-Orient et en a rapporté, outre l'amour des antiquités orientales, de nombreux trésors. En matière artistique, Thomas Hope a des opinions très tranchées : il abomine le style rococo dont il déplore les effets. Il préfère des réalisations plus viriles, plus frappantes et n'hésite pas, chez lui, à associer des couleurs vives. Ainsi, les murs de sa pièce indienne sont-ils bleu ciel contre un plafond jaune pâle tandis que le capitonnage de ses meubles affiche un rouge cramoisi éclatant aux côtés de divers détails décoratifs dans les tons azur et vert d'eau. Cette pièce, réservée aux réceptions, fit le bonheur du public qui la découvrit grâce à l'ouvrage que Thomas Hope publia en 1807, *Household Furniture and Interior Decoration,* et s'en inspira largement.

Les idées de Thomas Hope eurent des répercussions jusque sur le mobilier qui se vit appliquer force dorures et peintures. Durant la Régence, on affectionne les essences précieuses comme le bois satiné, le bois de rose, l'acajou utilisés en fins placages. Cependant, chaises et sofas confortables reposent sur une assise d'osier avec ossature peinte et coussins rembourrés en tissu de couleur vive. Très recherché également, le « sofa à la grecque », généralement en acajou ou en bois de rose, à dosseret et accoudoirs sculptés et à pieds à griffe. Pour cet élégant canapé, le capitonnage se faisait de préférence à partir de soie, de damas, de brocard, de chintz ou éventuellement de coton. De plus, la Régence apprécie aussi les tables basses à abattants, les grands buffets lourds, les bibliothèques démunies de vitres, les secrétaires.

Du fait de l'amélioration des techniques, on dispose maintenant de panneaux de verre plus larges. Ainsi les miroirs, souvent ronds et convexes, prennent de l'importance. Ils se dotent de cadres sculptés et dorés, surmontés d'un aigle ou d'une rosette. Quant aux horloges de parquet, démodées, elles se voient remplacées par de jolies pendules, des horloges de console, minutieusement décorées d'éléments allégoriques.

Sur la porcelaine, ors et couleurs se font plus éclatants que jamais. Minton, Spode et Wedgwood sont les fabricants les plus connus et les plus appréciés. Sur les tables des salons apparaissent des vases remplis de fleurs coupées. La verrerie, plus fine, fait l'objet d'une taille délicate et souvent, des motifs décoratifs à base de dépôts d'argent lui donnent une ligne d'une formidable élégance.

Ces deux aquarelles de Humphry Repton dépeignent l'importance des changements intervenus dans la décoration au début du XIX*e siècle.*
Ci-dessus : *Un intérieur typiquement géorgien avec une pièce plutôt étriquée et éclairée par deux fenêtres hautes et étroites. Ici, peu de mobilier hormis quelques chaises disposées de manière formelle et occupant le centre des lieux.*
Ci-dessous : *L'idéal Régence : une serre aérée illuminée par de larges fenêtres et ouverte, grâce à des portes-fenêtres, sur le jardin. Les chaises sont alignées le long des murs offrant ainsi aux habitants de la maison la possibilité de s'adonner à leur passe-temps favori ou de bavarder au gré de leur bon plaisir.*

Les chandelles constituent encore la principale source d'éclairage. Il faut toujours recourir à une série de chandeliers, lustres et bougeoirs parfois entourés d'une couronne de fleurs quand les circonstances s'y prêtent. Certes, on connaît la lampe d'Argand ou quinquet, mais elle fume horriblement et noircit les pièces où on l'a laissée brûler ! Elle ne tarde donc pas à tomber en désuétude. Pour le chauffage, les choses ne s'arrangent guère. Les demeures sont plus vastes et les techniques identiques. C'est dire que l'on grelotte durant les longs hivers britanniques. On rapporte même qu'une certaine Lady Elizabeth Grosvenor passait son temps emmitouflée dans ses sous-vêtements de flanelle, deux paires de bas et les mains serrées dans des moufles !

LA DEMEURE VICTORIENNE EN 1860

En 1860, il y avait déjà trente-trois ans que la reine Victoria régnait sur l'Angleterre ; quant à Lord Palmeston, il était le Premier Ministre d'un puissant gouvernement whig. La liberté dont jouissaient les sujets britanniques était assez exceptionnelle, mais les classes laborieuses connaissaient encore des conditions de vie épouvantables, ainsi qu'en témoignent les romans de Charles Dickens. Pourtant, l'Angleterre traversait une époque culturellement riche. C'était la grande époque des préraphaélites ; Morris et Ruskin, soucieux d'échapper à la laideur de la production de masse, faisaient campagne pour le développement d'un artisanat de qualité. La photographie en était à ses balbutiements. Dans le domaine littéraire, Charles Darwin venait de choquer ses contemporains avec la publication de son ouvrage *De l'origine des espèces,* où il affirmait que l'homme descendait du singe ! Heureusement, *Adam Bede,* tendre roman campagnard de George Eliot et *Idylles du roi,* épopée arthurienne d'Alfred Tennyson, constituaient de plus saines lectures !

Malgré de grands progrès techniques — ne vient-on pas d'inventer la machine à coudre ! —, les domestiques vivent un calvaire quotidien. Un simple coup d'œil sur le journal d'Hannah Cullwick nous en donne d'ailleurs un aperçu. À la date du quatorze juillet 1860, elle consigne ces lignes :

« Ouvert les volets et allumé le feu dans la cuisine. Secoué mes affaires pleine de suie au-dessus du trou aux ordures et vidé la suie qui y était. Balayé et épousseté les pièces et le hall. Préparé la cheminée et monté le petit déjeuner. Ciré deux paires de bottes. Fait les lits et vidé les pots de chambre. Débarrassé et lavé la vaisselle du petit déjeuner. Nettoyé le plat, nettoyé les couteaux et monté le repas. Débarrassé. Lavé la cuisine ; défait un panier. Apporté deux poulets à Mme Brewer et rapporté un message. Fait une tarte et plumé et vidé deux canards que j'ai fait rôtir. Lavé les marches et les dalles, à genoux sur le sol. Frotté le décrottoir devant la maison. Lavé le trottoir, à genoux aussi. Nettoyé dans l'arrière-cuisine. Frotté l'office, encore à genoux et briqué les tables. Frotté le dallage autour

Ci-contre : *La reine Victoria et le prince Albert dans leur wagon privé. Remarquez les sièges lourdement capitonnés, les rideaux incroyablement pesants aux fenêtres, encombrés d'une large variété de glands et de guirlandes et, sur le sol, les riches motifs de la moquette. Parfaite illustration du confort de l'époque !*

Ci-dessous : *Un intérieur typiquement victorien : on le reconnaît à ses murs recouverts d'un tissu chargé sur lequel s'exhibent des paysages nostalgiques, à son lourd manteau de cheminée où trônent chandeliers de cristal et bibelots anciens protégés par une cloche de verre. La table, en acajou sombre comme le reste du mobilier, est habillée d'un tissu à franges assorti aux rideaux épais.*

de la maison et nettoyé les rebords des fenêtres. Ai préparé le thé à neuf heures pour M. et Mme Warwick, mais, comme j'étais sale, Anne est montée à ma place. Nettoyé les cabinets et le passage et l'arrière-cuisine, à genoux. Lavé le chien et vidé les éviers. Préparé le souper pour que Anne le monte car j'étais trop sale et fatiguée pour m'en charger... »

Qui ne comprendrait la lassitude d'Hannah Cullwick, contrainte à d'incessantes allées et venues dans cette grande demeure qu'est devenue la maison victorienne ? Outre le *basement* ou sous-sol, l'hôtel particulier de l'époque comporte un rez-de-chaussée, un étage noble où se trouvent les salons, la salle à manger, la bibliothèque et éventuellement la salle de billard. Les chambres sont réparties dans les étages supérieurs. Quant aux domestiques, ils vivent au grenier !

Dans ces demeures à la façade en brique et en pierre, le papier peint règne en maître. Ses nuances ? Elles vont du rouge au bleu en passant par le vert sombre. Les motifs ? Pour la plupart, ils représentent des animaux et des fleurs. Si le plafond reste blanc, les peintures assorties au décor sont en général brun foncé. La cimaise, elle, n'est plus à sa place d'antan. Elle s'est installée en hauteur, sous une frise, et sert à accrocher les tableaux de famille. Au pied du mur apparaît, en revanche, une plinthe relativement large qui vient s'appliquer sur des boiseries de 1,20 mètre de hauteur, peintes ou protégées par un papier différent de celui qui recouvre l'ensemble de la pièce. La cheminée en marbre, fonte ou bois trône toujours. Ici encore, les représentations florales abondent, minutieusement sculptées, accompagnées d'une série d'étagères et de miroirs.

Les fenêtres à guillotine se sont agrandies et ne disposent plus que de quatre carreaux. De lourds rideaux de velours ou de damas, accrochés à des tringles en laiton ou en acajou et souvent bordés de dentelles, les ourlent de leurs plis épais. Parfois, cependant, un simple store décoratif habille la fenêtre.

Sur les parquets en lames de chêne, des moquettes aux motifs complexes, aux couleurs profondes. On préférait de beaucoup les créations de Bruxelles, mais les Kidderminster étaient de qualité voisine, très résistante et de bonne épaisseur. Cependant, on utilise souvent un tapis de sol en grosse toile d'Écosse et recouvert de quatre épaisses couches de peinture.

Le mobilier prend des formes de plus en plus contournées. On s'inspire du rococo ou du gothique ; peu importe, le résultat est très chargé. L'acajou prévaut. Il y a là des fauteuils encadrés de silhouettes ailées, des sièges rembourrés au dossier semé de boutons, de la vannerie accompagnée de coussins confortables. Le capitonnage a bénéficié des progrès techniques et en particulier du nouveau ressort à boudins ! Pour les tissus, on choisit, outre les désormais traditionnels damas ou velours, un travail à l'aiguille ou même cette soie frappée de roses choux qui fait fureur. Les tables, lorsqu'elles ne sont pas en acajou, se voient réalisées en chêne ou... en papier mâché ! Les bureaux ont droit à un placage de bois de rose ou de noyer. Foisonnent naturellement les

Cette pièce new-yorkaise des années 1860 montre l'éclectisme du goût victorien, qu'il s'exprime en Grande-Bretagne ou aux États-Unis. Dans ce lieu aux proportions gothiques et au plafond à caissons où se pressent un fauteuil élisabéthain, une table à ouvrage de style Régence et deux piédestaux façon Louis XV, une fenêtre cintrée s'ouvre sur l'Hudson.

casiers à musique, les porte-manteaux, les armoires, les vaisseliers et les étagères en tout genre. On a la manie des collections, des bibelots. Ils trônent même sur l'inévitable buffet en acajou qui pare, bien entendu, la salle à manger. Quelque part, enfin, en général dans un salon sombre et éclectique, se tient le piano. C'est autour de lui que se réunit la famille, que se vivent les grands moments de détente.

Les chandelles ne sont plus de mise ou presque sinon dans les étages, où brûlent aussi quelques lampes à huile. Le gaz a fait son apparition et, dans les bonnes maisons, on ne saurait s'en passer. Pour le chauffage, les progrès sont moins évidents. Certes, le charbon est de meilleure qualité et le feu brûle toute la journée, même en plein mois de juillet, mais comment faire autrement ? Dans ce domaine, le modernisme piétine. Quant aux habitants, ils grelottent ou transpirent à grosses gouttes !

La porcelaine, fidèle à son époque, est elle aussi très chargée. En verrerie, la taille se fait plus accusée, plus lourde. N'importe, on étale tous ces trésors avec une ostentation qu'émousse l'abondance des objets entassés derrière quelque vitrine. On aime les aventurines et les sulfures aux fleurs séchées figées dans la masse du verre.

Dans le salon, fort sombre bien qu'ouvrant sur la rue, est placée une grande table ronde recouverte d'une tapisserie ou d'une broderie. Aux murs, l'amateur peut admirer des tableaux, ou leurs reproductions, d'artistes célèbres tels Ford Mallox Brown, Millais, Arthur Hugues, Holman Hunt, Rossetti, William Dyce, Frith et autres. Parfois même, on aperçoit dans un coin de la pièce quelques photographies familiales sépia.

Quelle impression de fraîcheur en pénétrant dans l'une des chambres ! La décoration y est autrement plus douce, plus lumineuse. Les lieux sont également moins encombrés. Bien sûr, le lit à colonnes est toujours en vogue, mais le reste du mobilier n'a rien d'envahissant : une

Voici le portrait de la famille Hatch, peinture réalisée par Eastman Johnson, le meilleur spécialiste du genre de l'Amérique des années 1870. Cette œuvre évoque parfaitement la sobriété figée d'un intérieur victorien. Ici, tous les membres de la famille sont regroupés autour d'une table en acajou tandis que les enfants se tiennent un peu à l'écart, comme il convenait à cette époque, et jouent tranquillement. Le père, lui, travaille à son bureau pendant que la mère et les grands-parents manifestent une satisfaction contenue et par conséquent décente. Typiques de l'époque : les modestes rideaux de dentelle à demi-dissimulés derrière de lourdes draperies, la lampe à gaz suspendue au plafond et le tapis richement décoré qui orne le sol.

Durant la splendeur de l'ère victorienne, le traitement polychrome des murs, plafonds et meubles constituait un élément de décoration extrêmement apprécié. Contrairement à des procédés antérieurs, on recourait de préférence à des couleurs sombres, fortes : le rouge brique, le brun et le noir éclairés de petites taches de vert, de bleu clair et de rose. Ici, la décoration du plafond est inspirée de motifs italianisants.

coiffeuse habillée de mousseline, une penderie, une table de chevet, une chaise, une table de toilette et un placard ! Pour l'époque, c'est dire que la liste n'est pas bien longue !

En effet, la demeure victorienne des années 1860 est bien étouffante et sombre. Elle reflète à merveille les valeurs de son environnement... humain ! Durée et sécurité priment. Il n'est pas question de s'amuser ou de s'abandonner à la spontanéité ! Ce serait pécher !

L'INTÉRIEUR D'AVANT-GARDE EN 1920

En 1920, l'Angleterre a beaucoup perdu de son impériale superbe et de sa piété victorienne. Rien n'est plus pareil et l'on se remet à grand-peine de la Première Guerre mondiale. Il convient donc de tourner le dos au passé, d'oublier les raisons qui peut-être ont motivé cette catastrophe. Fi de la pesanteur du XIXe, on n'en veut plus ! D'ailleurs, artistes et écrivains cherchent déjà les moyens technologiques de reconstruire une société nouvelle. Fébrilement, chacun se lance dans de vastes travaux. S'ensuivent d'étonnantes expériences tant en littérature qu'en peinture. Les chefs de file de ces mouvements s'appellent James Joyce, Virginia Woolf, Pablo Picasso et Vassily Kandisky. La décadence qui s'est manifestée, avant la guerre, dans les œuvres des symbolistes, dans le mouvement Art nouveau ou même au travers des écrits d'un Oscar Wilde cède le pas à une quête pleine d'énergie et foncièrement positive. Une véritable révolution s'opère qu'il s'agisse d'habillement, de musique ou d'aménagement intérieur.

Les animateurs de cette initiative visant à se démarquer du moule culturel du XIXe siècle ? Les membres du groupe de Bloomsbury, intellectuels londoniens réunis autour de Virginia Woolf, de l'économiste Maynard Keynes, du peintre Duncan Grant, du critique Roger Fry et de l'écrivain Lytton Strachey.

Leurs conceptions se retrouvent à Charleston, près de Lewes, ferme du Sussex dont Duncan Grant et Vanessa Bell firent l'acquisition en 1916 et qu'ils gardèrent tout au long de leur existence. En 1913, le couple, suivi par Roger Fry et d'autres membres du groupe de Bloomsbury, avait fondé les Ateliers Omega afin de produire des textiles peints à la main, des poteries et des meubles largement inspirés des principes du post-impressionnisme. Les Ateliers Omega n'eurent guère de succès et l'entreprise dut fermer ses portes en 1919. Néanmoins, les meilleures trouvailles d'Omega prirent le chemin de Charleston, cette tortueuse demeure du XVIIIe siècle « très simple et solide, avec des murs plats, délicieux mélange de brique et de silex comme on en fait dans la région, et des fenêtres parfaitement bien intégrées dans les parois ainsi que de merveilleux toits de tuiles [...] Quant aux pièces, elles sont nombreuses et très vastes », comme l'écrivit Vanessa Bell à Roger Fry.

Ce salon de musique, dessiné par Duncan Grant et Vanessa Bell dans les années trente, est très caractéristique du style du groupe Bloomsbury. Les dessins sont exécutés avec un certain amateurisme emprunté au cubisme. Ce mouvement et son intérêt pour les arts primitifs avait, en effet, déjà fortement influencé les Ateliers Omega dirigés par Roger Fry. La nature morte a été réalisée à même le mur et prend, avec ses fausses draperies, l'allure d'un superbe trompe-l'œil. Au-dessous, se dressent un meuble peint et une chaise recouverte d'un dessus de siège assorti au sofa et aux rideaux. Le jaune et le mauve utilisés ici illustrent parfaitement la richesse créative des artistes de Bloomsbury.

L'un des facteurs décoratifs les plus marquants de Charleston tient à la profusion d'éléments peints, parfois délibérément naïfs, mais toujours pleins d'exubérance, d'idées et de malice. D'après le critique Richard Morphet, le résultat donnait une impression de « hardiesse formelle et d'intimité riche d'humour teintant murs, portes, lambris, cheminée, tissus, chaises, tables, armoires, lits et céramiques placés sous les signes conjoints du décoratif et de l'utilitaire ».

Charleston ne fut jamais une demeure confortable. Il y faisait froid et, longtemps, il n'y eut ni électricité ni eau chaude, mais c'était un merveilleux lieu de jeux, typique de l'atmosphère décontractée des années vingt. Cet intérieur dénué de sophistication symbolisait le mélange des genres : les écrans peints et les poteries d'Omega, caractéristiques des tendances avant-gardistes françaises, voisinaient avec des textiles chinois et des céramiques persanes ; des œuvres de Delacroix côtoyaient les dessins des jeunes enfants de Vanessa Bell tandis que des objets victoriens trônaient en évidence sur quelque meuble, en tant que témoignage amusant d'un mauvais goût flagrant.

De 1920 à 1930, les motifs décoratifs changèrent. Les silhouettes de danseurs et de nageurs cédèrent la place aux nus, aux vases de fleurs, aux fruits, aux instruments de musique, aux couronnes et aux médaillons. Pour ses représentations mythiques, Duncan Grant s'inspira beaucoup du paganisme gréco-latin de E.M. Forster. Durant la décennie suivante, nouvelle évolution : l'abstraction est de rigueur. Des virgules gris sombre apparaissent sur fond gris pâle tandis que des murs noirs s'éclairent de motifs géométriques d'une nuance plus lumineuse.

Le mobilier ne répondait pas davantage à des normes strictes. Il y avait, en effet, à Charleston des trouvailles dénichées au hasard de magasins d'antiquités comme des articles modernes provenant de designers londoniens ou des Ateliers Omega. Quant au décor, il était peint, entièrement peint, depuis les portes et les murs jusqu'aux baignoires, radiateurs, écrans et lampes. Les poulets dans la cour n'échappaient pas à cette obsession picturale, qui affichaient des ailes joliment colorées ! Sur les tabourets, on avait posé des pièces de tissu, sur les tables, des carreaux de céramique, et, autour des miroirs, des broderies. Le dossier des chaises était le plus souvent en osier et passé à la peinture rouge pour imiter la laque. D'autres sièges se voyaient recouverts d'un travail au petit point. Les coiffeuses, quand elles échappaient au coup de pinceau rituel, étaient marquetées. Enfin, des poteries réalisées par Vanessa Bell et son fils Quentin éclairaient la maison de leurs teintes rose et verte, jaune, mauve et turquoise, noir et rouge, au brillant léger.

Pourtant, de cet éclectisme incroyable se dégageait une unité remarquable et stimulante, difficile à expliquer, impossible à copier. Il faut imaginer la salle à manger d'un noir argenté spectaculaire où trônait une grande table peinte entourée de chaises Omega, le salon d'un gris doux et lumineux et la chambre de Vanessa Bell, ouverte sur le jardin et curieusement décorée d'une baignoire peinte !

À l'étage, la pièce la plus surprenante était sans conteste la bibliothèque en noir et ocre rouge. Sur les panneaux de la porte, deux personnages portant des paniers ; au-dessus de la fenêtre, un chien, au-dessous, un coq : deux peintures de Duncan Grant. Les chambres avaient toutes un aspect net et présentaient mille curiosités, depuis un élément de verre coloré encastré dans une porte jusqu'à une tête de lit sur laquelle veillait Morphée, dieu des songes, fils de la Nuit et du Sommeil, sans oublier d'éblouissants camaïeux de jaunes.

Plus qu'une excentricité, Charleston est un lieu unique. Et cette unicité, c'est à Vanessa Bell et Duncan Grant que Charleston la doit. Les deux artistes ont eu, en effet, le courage de donner forme à leurs idées sans se référer à quelques critères du goût ni même à des règles établies. De ce fait, Charleston incarne véritablement l'éclectisme et l'ouverture d'esprit propres à cette époque en matière d'aménagement intérieur.

C'est à Charleston, dans le Sussex, demeure où Vanessa Bell et Duncan Grant vécurent plus de trente ans, que nous pouvons admirer l'expression la plus généreuse du style Bloomsbury. Tout objet, depuis les chaises jusqu'aux tables et aux poteries, est prétexte à recherche artistique : ainsi ce trompe-l'œil exécuté sur les murs peints du salon ou même, dans la salle à manger, ce dessus de table peint accueillant une collection de poteries signées Quentin et Vanessa Bell.

AUJOURD'HUI...

Le XXIe siècle est proche. Face au glas du modernisme, notre société, touchée par les problèmes de son environnement, manifeste une sensibilité accrue devant les styles qui ont marqué les siècles passés. Cette attitude, Laura Ashley, pour l'avoir vécue, l'a analysée. Outre ses cotons champêtres et ses imprimés fleuris, Laura Ashley a su recréer les styles d'antan. Nombre de ses décors correspondent effectivement à d'authentiques reconstitutions historiques et le résultat, loin de copier un univers de théâtre, exprime en réalité une grande fraîcheur. Sur la palette Ashley surgissent désormais les témoignages des fastes de la Régence, inspirés par le magnifique pavillon de Brighton, suivis d'impressions chinoises traditionnelles reproduites sur des couleurs modernes. À l'Inde du XVIIIe siècle, Laura Ashley a emprunté les riches motifs cachemire tandis qu'il a suffi de puiser dans les trésors d'Owen Jones pour restituer l'atmosphère victorienne.

Les créations avant-gardistes des années trente ont également leur place dans les collections de Laura Ashley depuis que l'entreprise a assumé une partie des travaux de restauration de Charleston. La vieille ferme a en effet ouvert ses portes au public en 1986, mais auparavant il a fallu procéder à une sérieuse restauration. On reproduisit sept tissus en grande largeur auxquels on donna l'apparence vieillie nécessaire aux lieux. Du fait de cette collaboration, Laura Ashley fut autorisée à adapter des réalisations de Vanessa Bell et de Duncan Grant, ce qu'elle fit bien entendu dans sa collection Bloomsbury, lancée en 1987.

Parallèlement à la démarche de Laura Ashley, Quentin, fils de Vanessa Bell, a repris quatre créations charlestoniennes : coupe à fruits, assiette, pied de lampe et vase. Ces articles sont produits à la Fulham Pottery par une équipe de jeunes potiers formés par Quentin Bell en personne. N'est-ce pas la preuve que la tradition est perpétuée et que le style d'époque continue à vivre dans la décoration de nos demeures ?

LE STYLE D'ÉPOQUE

Laura Ashley

Ce siège de chemin de fer, un rien Orient-Express, nous donne un aperçu de ce qu'était un voyage élégant du temps de la reine Victoria. Sur les cloisons du wagon, un papier peint bordeaux et vert foncé, inspiré du célèbre ouvrage d'Owen Jones, s'harmonise admirablement avec les rideaux à rayures et les coussins gansés. Dans un tel décor, le carton à chapeaux lui-même affiche une allure désuète.

L'art de recréer un style d'époque dans des pièces où le passé côtoie le présent constitue un autre aspect des talents de Laura Ashley. Les intérieurs d'antan font en effet office de coffres magiques où l'on peut puiser maintes idées susceptibles d'enrichir et de modifier le plus moderne des environnements. Forte de cette conviction, la maison Laura Ashley a dessiné des aménagements intérieurs en s'appuyant sur des décors historiques et en réinventant des thèmes colorés, des tissus, des papiers peints et des meubles inspirés d'époques anciennes. Le résultat, en terme de vie quotidienne, n'est pas aussi théâtral qu'on aurait pu l'imaginer mais s'inscrit dans une métamorphose rafraîchissante. Parfois, il suffira simplement de recourir à des détails discrets rappelant, pourquoi pas, l'élégance de la Régence.

Les couleurs évoquent instantanément la saveur d'un siècle. Ainsi les verts sombres et les rouges forts suggèrent-ils le XVIIIe siècle et les pastels, les années trente. Nombre de textiles restituent l'apparence de damas traditionnels, de soies moirées ou même de lourdes broderies artisanales. Quant au mobilier, paravents décoratifs ou poteries, il participe d'un rappel minutieux d'un mode de vie enfui.

Wagon de chemin de fer.
Lorsque l'on cherche à recréer le style d'une époque, le plaisir suprême consiste à « s'immerger » dans les couleurs et les thèmes décoratifs caractéristiques de cette époque. Pour ce faire, il faut se lancer dans la chasse aux références, consulter imprimés, dessins et ouvrages et rassembler les détails anciens qui vont donner son authenticité à la réalisation entreprise. Ces règles-là, Laura Ashley les avait comprises. Elle s'est en effet largement inspirée d'originaux anciens, provenant de l'époque des rois George comme de l'ère de Charleston aux alentours de 1930. Cette reconstitution d'un wagon de chemin de fer victorien nous fournit ici un exemple des résultats que l'on peut obtenir en respectant scrupuleusement des éléments clés comme le papier peint, les rideaux et la nappe.

Aujourd'hui encore, Spitalfields reste l'un des quartiers les mieux préservés de Londres et ses ruelles exhibent maintes maisons construites par les huguenots, soyeux que les persécutions religieuses du XVIIe siècle obligèrent à quitter la France et à se réfugier à l'étranger, notamment en Angleterre.

Toutes les maisons respectent un plan identique avec une grande pièce, suivie d'une plus petite à l'image de ce salon, organisée autour de la cheminée. La décoration du cœur et du contrecœur, constituée de carreaux en faïence de Delft, était alors très populaire, surtout sur le continent. Chaque carreau dépeignait une scène tirée d'un conte familier, détail qui, l'on s'en doute, inspirait les veillées, le soir au coin du feu.

En ce temps, la majeure partie de la population ne pouvait guère utiliser, pour son lambrissage, que du bois de pin. Ici, cependant, une peinture d'un brun chaud lui donne l'aspect du chêne. Le plancher a lui aussi été peint, de même que les planches du plafond. Jadis, par souci d'économie, on répugnait à procéder à de tels travaux.

C'est donc dans ce cadre étonnamment simple que l'on a réuni avec un soin minutieux divers éléments de décoration. On a accordé une attention toute particulière au choix des tissus. Ainsi a-t-on retenu un textile style vénitien, dont l'apparence damassée or sur fond vert rappelle les merveilleuses soieries que les huguenots tissaient dans le grenier de ces demeures. Choix judicieux car le doux éclat du vert éclaire la pièce tandis que l'or souligne la riche patine des panneaux de bois et la beauté des coussins. Si le lustre est géorgien, nombre d'objets, tous anciens, appartiennent à des époques différentes et se côtoient en un éclectisme confortable : un lit de repos et ses larges traversins, un fauteuil à oreilles style reine Anne, une table *gate-leg* recouverte d'un châle en dentelle crème. Sur le sol, un tapis d'Aubusson accentue, avec ses teintes feutrées, l'aspect désuet des lieux.

Un tableau, tel celui-ci représentant la famille Ruspoli prenant le petit déjeuner dans son *palazzo* italien en 1807, constitue parfois une source d'inspiration hors pair. La preuve… cette superbe salle à manger.

La transposition s'est tout d'abord attachée aux couleurs : les riches vert mousse, cramoisi et marine du palais Ruspoli ont ici donné naissance au vert foncé et au brun chaud, à une couleur sable bordée de brun selon des motifs analogues à ceux du tapis original. Sur le papier peint, des lignes courbes aux allures d'arabesques, volées à une impression du XVIIIe siècle, répondent aux plumes du papier reproduit sur le tableau.

À l'heure actuelle, les marbrures, telles celles du palais Ruspoli, connaissent une vogue extraordinaire. Elles vous plaisent ? Ne résistez pas et, faute de pouvoir vous y risquer personnellement, faites appel à un spécialiste ou utilisez un papier… marbré ! Ici, on a respecté les arabesques et les moulures dorées de l'original tandis qu'un trompe-l'œil plein de malice imite le panneau or et bleu placé au-dessus de la cheminée Ruspoli.

Les chaises d'époque sont capitonnées d'un tissu à larges rayures, conformément au goût d'alors. La table arbore une nappe, ancienne, de damas blanc assortie à des serviettes et à des sets de table fleuris. Quant aux coquetiers, en argent, ils évoquent, fort modestement il est vrai, l'argenterie princière des Ruspoli.

Notez enfin le paravent « cintré à la gothique » qui ajoute une note éclectique, mais dont les rayures constituent un rappel brillant du capitonnage des sièges. Et comment rêver meilleur stratagème pour dissimuler la table que l'on n'a pas eu le temps de débarrasser ?

Cette pièce délicieuse s'inspire des cabinets d'estampes en vogue à la fin du XVIIIe siècle, lorsque les gentilshommes de bonne famille s'en revenaient d'un grand tour d'Italie, riches de souvenirs... culturels parmi lesquels, en guise de cartes postales, ils comptaient maintes estampes !
Ces voyages ayant un but éducatif, il importait donc de rapporter des gravures reproduisant des œuvres d'art de la Rome antique ou de la Renaissance que les dames accrochaient ensuite, ornées de moult rubans ou guirlandes, aux murs de leurs salons, roses ou jaunes pour la plupart. Dans son journal de 1771, Madame Philip Lybbe Powys décrit même une pièce de Fawley Court tapissée « d'un papier pelure du plus beau rose, décorée de très jolies estampes ».
À l'époque, la mode était au papier peint soyeux assorti aux capitonnages et aux rideaux et souvent garni de bordures, lesquelles feraient fureur au XIXe siècle. Cette illustration nous montre un papier moiré bordé, au niveau de la corniche, de la plinthe et du rail de protection, d'une frise de feuilles d'acanthe stylisées. Moiré également et ceint d'un galon aigue-marine, ce curieux lambrequin, emprunté aux dessins que Sheraton réalisa pour le salon chinois du pavillon de Brighton. Les rideaux, à rayures blanches, abricot et aigue-marine, affichent eux des teintes d'aquarelle. Enfin, les lignes élégantes du mobilier conjuguées au treillis de roses du tapis parent ce lieu d'un charme raffiné à l'extrême.

C'est toute la distinction, légère, aérienne du XVIIIe siècle que l'on retrouve ici dans cette pièce traditionnellement réservée aux petits déjeuners, mais également destinée aux conversations douillettes. Pour créer une atmosphère propice à de tels instants, il fallait élaborer un thème décoratif simple et paisible, éviter l'emphase et la grandiloquence. Pari réussi grâce à cet imprimé de roses, verts, bleu fumé et bruns à larges motifs floraux souvent utilisé dans les manoirs anglais, aux alentours de 1820. De longs rideaux pleins de grâce encadrent le coin du petit déjeuner, soulignant le charme de ce tissu qui recouvre également chaises et coussins, eux-mêmes cernés d'un galon d'un rose plus soutenu. Sur les stores et les banquettes du rebord des fenêtres, on a retenu en revanche des tulipes roses stylisées sur un pointillé vert menthe d'une grande fraîcheur. Impression d'ailleurs renforcée par la lumière irisée qui pénètre par la large baie, ouverte sur la luxuriance verte des bois proches, et donne aux matins la qualité des aurores printanières.

Toutes les associations romantiques de la Régence se trouvent réunies sur cette aquarelle de Robert Smirke représentant la chambre de Madame Récamier. Les draperies à franges, en fine mousseline blanche rebrodée d'étoiles d'or, sont retenues par une couronne elle-même cernée de franges. Sur les murs, une soie mauve surmontée d'un lambrequin également en soie. Le lit et les petites tables, inspirés de l'Antiquité, sont typiques de l'époque Régence.

Ce genre de décor somptueux vous attire ? Recréez-le. De simples draperies en voile, en coton ou en chintz transformeront radicalement la plus simple des chambres, lui donneront une apparence de douceur irrésistible. Ainsi traitée, cette chambre de ferme exhale maintenant tout le charme Régence sans avoir perdu pour autant sa fraîcheur campagnarde. Il importait bien sûr de jouer de délicatesse et de brio. On choisit donc un papier semé de fleurs de cerisier à feuilles vertes sur fond blanc bordé d'une frise de bouquets, inspiré d'un motif du milieu du XIXe siècle. Le lit, tendu de draperies de voile blanc accrochées à une couronne de forme extrêmement simple, prend désormais l'allure d'un lit de repos romantique du début du XIXe siècle. La chambre d'un château peut également prêter à une décoration analogue. N'est-ce pas l'occasion rêver de mettre en valeur les proportions splendides d'un tel lieu ? Ici, le papier moiré vert pâle, souligné par les délicates moulures des portes et des murs, prend un éclat inégalable. Remarquez le lit en acajou, d'époque, son dessus de lit et ses traversins recouverts d'un tissu moiré assorti et bordé d'un élégant galon bordeaux et vert. Les pans de mousseline qui ornent le lit s'appuient joliment sur des rosettes de laiton, mouvement repris autour des fenêtres de sorte que la lumière naturelle de l'après-midi enchante la plus romantique des chambres.

Pour retrouver les thèmes décoratifs d'une période donnée, les livres anciens se révèlent souvent aussi utiles que les tableaux. Ici, on a puisé dans l'*Encyclopedia of Cottage, Farm and Villa Architecture* que J.C. Loudon publia en 1833. Selon l'auteur, un hall victorien se devait d'être obscur! Les pièces avoisinantes en prenaient, paraît-il, d'autant plus de relief! On a donc retenu pour cette entrée des variations en cramoisi, marine et sable accompagnées d'un étonnant papier peint cerné d'une bordure à la Owen Jones. Peu de mobilier sinon un miroir destiné à agrandir l'espace, deux chaises au dossier en forme de coquillage et une petite table sur laquelle, jadis, les visiteurs déposaient, au creux d'un plateau d'argent, leur carte.

Bien entendu, le hall s'ouvre sur le salon où cramoisi et sable constituent les dominantes colorées d'un décor somptueux. Un papier géométrique, lui aussi inspiré des œuvres de Owen Jones, fait écho à celui de l'entrée. Le tapis, rouge sur fond doré, rappelle une carpette à résille de chenille, très populaire au XIXe siècle. Autour de la pièce, les plinthes ont été teintées pour suggérer l'acajou. La table ronde est tout à fait victorienne.

À l'époque, les petites tables de salon n'existaient pas.

Pour le capitonnage des fauteuils et sofa à gros boutons, on a choisi un riche satin cramoisi, typique lui aussi des goûts des contemporains de la reine Victoria. Quant aux rideaux, ils affichent, conformément aux recommandations de J.C. Loudon, le même textile.

Un décor d'époque exige enfin, pour une authentique recréation, un choix d'objets appropriés. C'est pourquoi on a disposé dans ce salon une lampe d'Argand, ou quinquet, à pied Wedgwood, un « seau » à charbon et un écran pare-feu en laque. Le bouquet lui-même a été arrangé à la mode victorienne. Beau résultat, remarquable savoir-faire!

Bloomsbury bien sûr ! C'est en effet l'esprit qui préside à la décoration de cette pièce, transposée du fameux salon de musique réalisé par Vanessa Bell et Duncan Grant et exposé en 1932 à la Lefevre Gallery de Londres. Un style libre, expressif, marque tous les éléments des lieux depuis les tissus jusqu'aux meubles sans oublier miroirs et céramiques. Partout, la peinture domine. Aux murs, deux tableaux, deux compositions florales dont les cadres ne sont que les prolongements, qui vont jusqu'à encercler un miroir. Peinte aussi, la commode qui arbore une profusion de motifs, architecturaux ou autres, réunis avec la plus grande fantaisie. Au-dessus de la cheminée, nouveau miroir, plus excentrique encore, bordé d'une multitude de glaces... peintes !

Ce décor symbolise l'âme du style Bloomsbury. Fi des réalisations en série, de l'artificiel ! Il fallait alors de l'artisanal, du sur mesure ! Notez maintenant l'étonnant lambrequin assorti à la bordure de la banquette et des fauteuils. Il s'agit d'une œillade malicieuse, gaiement combinée avec les motifs de fruits et de feuilles qui décorent, en gris, jaune, abricot et noir, rideaux et capiton. Le tapis est la version réduite d'une création de Vanessa Bell tandis que le plat et la coupe de fruits ont été spécialement créés pour Laura Ashley par Quentin Bell, fils de Vanessa et potier, héritier d'une même tradition de qualité.

TWO SONGS

Ce petit salon de la banlieue ouest de Londres et son atmosphère des plus décontractée, s'est inspiré de Charleston, une ferme perdue dans le paysage vallonné du Sussex qui accueillait jadis un cercle d'artistes connu sous le nom de groupe de Bloomsbury. Des années vingt aux années trente, la maison servit de toile géante à ses propriétaires, infatigables, qui ne cessèrent de l'embellir en l'ornant de nombreux dessins, peintures et poteries. Le libre traitement des surfaces traduit souvent une vision enfantine, presque naïve, riche de créativité dans les formes et les couleurs. L'esprit facétieux, baroque, de Charleston est ici transposé grâce à l'utilisation d'un papier peint, dessiné par Vanessa Bell, qui, par son allure tissée en jaune tendre, donne à la pièce une ambiance chaleureuse.
Le tissu du lambrequin encadrant la fenêtre ouverte sur un balcon exprime admirablement ce sens du rythme caractéristique des créations Bloomsbury. Clin d'œil malicieux,
il est répété sur le jupon du rebord de fenêtre et sur les embrasses retenant les rideaux. Sur la cheminée, de simples pots en terre s'ornent de géraniums rouges et roses tandis que fauteuil et sofa exhibent nonchalamment leurs motifs colorés. Résultat : un joli coup de chapeau à un style jeune et plein de vitalité.

La nursery est l'endroit idéal pour reproduire ce fameux style des années trente : brillant, gai et ponctué de meubles simples, fonctionnels et résistants. Cette époque fut en effet marquée par le pragmatisme, et pour la plupart des gens, il importait de pratiquer… une politique de rigueur ! Orientation qui se refléta dans le choix de motifs stylisés, dans un aménagement intérieur pratique et douillet.

Nombre d'éléments situent immédiatement l'atmosphère des lieux, à commencer par les couleurs où le jaune pastel des murs tranche avec le bleu fumé de la cheminée, de la cimaise, des rebords d'étagère, de l'encadrement de fenêtre et de la cantonnière.

En ce temps-là, les personnages de dessins animés commençaient à être à la mode. Et ils sont là, présents sur le tapis rose jeté sur la moquette bleu fumé elle aussi, sur le tourne-disque ou simplement encadrés. Le fauteuil et le sofa, fidèles aux tendances du xxe siècle, adoptent des formes douces et rondes, arborent un tissu à rayures pastel qui leur prête une allure désinvolte. Pour les rideaux, on a opté pour un textile d'esprit voisin, mais à rayures plus fines, plus élégantes. En revanche, les coussins et la nappe recouvrant la table de poupée déploient un imprimé à fleurs stylisées aux teintes délicieuses. À l'époque, les meubles en osier étaient très populaires, tels ces fauteuils habillés de housses assorties au sofa. Quant à la touche de nostalgie, elle est donnée par le miroir au-dessus de la cheminée et par le poste de TSF enfermé dans un caisson de bois.

LE STYLE MODERNE

LE STYLE MODERNE

Traditions d'Antan

Bien que fort récent, cet aménagement d'un intérieur parisien utilise de nombreux éléments très populaires dans les années vingt. Sur les murs, nulle décoration hormis de simples colonnes néo-classiques peintes et des lisières de panneaux. La chaise longue évoque à la fois la Régence et l'influence des Ballets russes qui n'allaient pas tarder à bouleverser les critères de la décoration.

Style moderne... il suffit de prononcer ces mots pour que nous viennent aussitôt à l'esprit des images austères, des lignes tranchées, des tons de blanc et de noir ou même d'éclatantes couleurs primaires, un décor ultra-sobre et quelques échantillons de chrome, de verre et d'acier. C'est oublier que la technologie moderne nous offre aujourd'hui une plus grande liberté encore dans le domaine de l'aménagement intérieur.

Où situer les origines de la décoration du XXᵉ siècle ? Question complexe ! Les premières décennies virent fleurir nombre d'innovations, de portée internationale, en matière d'aménagement intérieur. La ville devint le centre d'intérêt numéro un, au détriment des campagnes ; de nouveaux matériaux, de nouvelles techniques s'imposèrent.

Aujourd'hui, nous disposons cependant d'un formidable legs : le design moderne module des espaces dégagés, les baigne de calme. C'est l'emphase sur les lignes et formes classiques, la réduction à l'essentiel. Pourtant... pourtant, une pièce peut être beaucoup plus qu'une « machine à habiter », surtout lorsque le meilleur du design contemporain se combine avec les plaisirs de la décoration.

Cette pièce, sobrement meublée, d'une demeure de Stuttgart, fut dessinée par Hans Heller en 1905. Sa conception annonce déjà les tendances futures de l'aménagement intérieur : il suffit d'observer l'utilisation des rayures vert vif de la banquette, la cheminée ultra-moderne à la Mackintosh et la sobriété de l'ensemble.

Le moment charnière dans la réalité culturelle du XXe siècle se situe, nous l'avons dit, à la fin de la Première Guerre mondiale. L'Europe en état de choc panse ses plaies, cherche à nier l'horreur. Processus classique, compréhensible. Il faut des miracles. On les quête auprès de cette entité mécano-machiniste qu'est le progrès. Peut-être cette croyance changera-t-elle le monde ?

L'APPORT DU BAUHAUS

Malheureusement, rien dans la vie ni dans l'histoire n'est jamais aussi simple, aussi marqué. En effet, d'où proviennent donc les initiatives artistiques des années vingt sinon de la période antérieure à la guerre ? Racines... racines... Les réalisations architecturales d'un génie comme Frank Lloyd Wright (1869-1959) n'ont-elles pas commencé à voir le jour dans l'Amérique de 1890 ? Mais comment nier leur conception véritablement révolutionnaire ? Frank Lloyd Wright concrétise en effet l'éclatement du plan traditionnel et insère ses structures dans leur environnement par le biais d'une architecture qu'il qualifie d'organique. La fluidité planimétrique, les fenêtres panoramiques, les cheminées gigantesques, toutes les idées de F.L. Wright bouleversent l'Europe, surtout lorsque l'architecte affirme qu'il « est impossible de concevoir les bâtiments comme un élément dissocié du mobilier ». À Vienne,

Josef Hoffmann et Adolf Loos suivent le maître sur la voie de la simplicité dépouillée et de l'unité architecturale. En Allemagne, Walter Gropius ne demeure pas en reste. Il met au point un programme de production en série de petites maisons réalisées à partir d'éléments standardisés. C'est le principe du préfabriqué !

En vérité, l'heure de la machine a sonné et chacun reprend à son compte les paroles de F.L. Wright qui préfère l'unité d'une grande œuvre plutôt que la dispersion au travers de nombreuses petites réalisations.

C'est dans ce contexte que se forme le premier grand mouvement du design d'après-guerre avec, en 1919, la création, sous l'égide de Gropius, du Bauhaus. Dans cette école unique en son genre, les étudiants étendent leurs recherches à tous les arts majeurs et appliqués en vue de les intégrer à l'architecture. Démarche qu'ils effectuent sous la conduite de grands spécialistes dans des domaines tels que le mobilier, la poterie, le travail du métal, le graphisme et même la mode. Il s'agit de répondre au vœu de Gropius visant à définir un style universel de design, né d'une société et de sa culture dont il serait l'expression. L'association de l'esthétisme et de la géométrie au sein du concept de fonction est caractéristique de la griffe du Bauhaus et cette association-là a constitué une dominante dans le design depuis lors. La chaise en tube de métal créée par Marcel Breuer en 1925, et inspirée d'une technique utilisée dans la construction aéronautique, est toujours à la mode aujourd'hui. Quant aux aménagements intérieurs conçus par et pour le Bauhaus, ils ont également servi de modèles.

Dans le Paris des années vingt, Léon Bakst était le doyen des décorateurs de théâtre. Il travailla énormément pour Diaghilev et fut l'un des véritables créateurs du style Ballets russes.
Cette aquarelle de Bakst, campant un costume d'eunuque pour Sheherazade, *étonne par ce flou des lignes et ce sens des couleurs qui devaient influencer toute la décoration des intérieurs mondains de Londres à Paris, en passant par New York et Berlin.*

Néanmoins, le Bauhaus ne fut pas seul à s'engager sur cette voie novatrice. La Russie, dans la fièvre de la Révolution de 1917, vit l'émergence des mouvements constructivistes et suprématistes qui, dans une affirmation authentiquement politique, célèbrèrent l'avènement de la machine. Pour ce faire, ils s'exprimèrent par le biais de l'architecture et du design industriel en utilisant ces matériaux neufs qu'étaient alors l'acier, le plastique et le ciment. En Hollande, les intérieurs et le mobilier conçus par Gerrit Rietveld traduisaient les peintures incompréhensiblement abstraites de Piet Mondrian et donnaient naissance à la maison Schröder, construite à Utrecht en 1925 et considérée comme le manifeste du néo-plasticisme, ainsi qu'au superbe fauteuil rouge-bleu. En Italie enfin, le régime fasciste se dotait d'une architecture et d'un design officiels fort proches d'un néo-classicisme moderne, audacieux et impressionnant, tout en marbre et blocs de verre agrémentés de luxueux placages de bois.

L'INFLUENCE DES ARTS DÉCO

Ce genre de modernisme ne trouva pas de réponse identique en France. Le Paris de Picasso, Braque, Léger, Gertrude Stein et Scott Fitzgerald était un lieu plus pétillant, chaleureux et éclectique. L'impact des Ballets russes de Diaghilev, avec leurs décors exotiques et extravagants, aux

En matière de design, le classique résiste à l'épreuve du temps. C'est un test qui ne trompe pas ! Cet appartement moderne, qui jadis accueillit Martin Battersby, spécialiste des années vingt, trahit d'ailleurs l'influence de cette époque bénie. Remarquez le papier or et argent inspiré des artistes de la Grande Vienne et cette peinture de Léon Bakst devant laquelle trône un vase de Neilz ! Sur les rebords des fenêtres, autres merveilles : deux vases signés Dunand ! Autant d'artistes-décorateurs qui jouèrent un rôle essentiel dans l'aménagement intérieur de cette époque.

riches tons de verts, de rouges, de mauves et d'orangés, était fabuleux. Il surpassait et balayait l'influence des lignes sinueuses de l'Art nouveau de 1890. La capitale française ne jurait plus que par le primitivisme hardi et l'énergie libératoire de cette nouvelle expression artistique. Dans le domaine de la peinture, on vivait à l'heure du cubisme et du dadaïsme. On se piquait de sculptures primitives, on s'extasiait devant les frises de l'Ancienne Égypte et le jazz faisait rage. Le règne de l'Art déco était venu.

Peut-être faut-il voir en l'Exposition de 1925 l'heure de gloire de l'Art déco ? Le public put y admirer l'hôtel d'un collectionneur, Jacques-Émile Ruhlmann, magnifique réalisation où l'on découvrait, ici, un salon rond dominé par un énorme chandelier de cristal et aux murs tendus de soie semée de fleurs, de vases et d'oiseaux, là, un travail de fer forgé sur fond de laque. Luxe et sophistication : tels étaient les deux mots clés. Le verrier René Lalique réalisa, quant à lui, une extraordinaire salle à manger aux murs marbrés beige et gris et incrustés de blanc et d'argent. Dans le plafond de cette pièce, l'éclairage était dissimulé derrière des poutres et des caissons de verre ! C'est durant la grande époque de l'Art déco que l'on recourut à des matériaux rares tels le bois de palmier, l'ébène, l'ivoire, la peau de requin, la peau de chagrin ou d'autres peu utilisés à l'époque comme l'aluminium et la bakélite. Ces œuvres, ce style ont survécu en dehors de la France dans

Sur la table réalisée par le célèbre Ruhlmann, maints objets décoratifs représentatifs du style années vingt : boîtes à cigarettes, cendrier ainsi qu'un danseur, superbe lampe kitsch signée Roland.

les aménagements intérieurs du Strand Palace Hotel et du Savoy Theatre à Londres ainsi que dans ceux du Radio City Music Hall à New York. Hélas ! ces témoignages lumineux d'un modernisme coloré et élégant ont dû s'effacer au profit d'un décorum de l'instant, plus banal, plus facile au point qu'Osbert Lancaster finit même par décrire l'Art déco en termes féroces : ce style, selon lui, consistait en « deux poteries faites main, de forme encombrante et d'un vert agressif, remplies peut-être de quelques coquerets [...] En haut du mur, une frise de nénuphars peints selon des sinuosités compliquées reprise, presque immanquablement, sur les carreaux de céramique ou le cuivre repoussé du manteau de la cheminée ».

LA BEAUTÉ DE LA MACHINE

Durant cette époque, l'architecte le plus influent ne fut autre que Le Corbusier alias Charles Jeanneret (1887-1965). Des études en Allemagne et en Autriche le poussèrent à s'intéresser aux courants modernistes. Très tôt, Le Corbusier se passionna pour le moteur à explosion, les voitures et les avions. Il voyait dans la machine une beauté susceptible d'adaptations en vue de fournir le modèle d'un lieu de vie parfait. Dans « Le manuel de l'habitation » publié dans *Vers une architecture* (1923), il définit sa vision de l'habitat idéal à « distribuer aux mères de famille » :

> « Exigez une salle de toilette en plein soleil, l'une des plus grandes pièces de l'appartement [...] Une paroi toute en fenêtres [...] Exigez des murs nus dans votre chambre à coucher, dans votre grande salle, dans votre salle à manger. Des casiers dans les murs remplaceront les meubles qui coûtent cher, dévorent la place et demandent de l'entretien [...] Si vous le pouvez, mettez la cuisine sous le toit pour éviter les odeurs [...] Enseignez à vos enfants que la maison n'est habitable que lorsque la lumière abonde, que lorsque les parquets et les murs sont nets. Pour entretenir bien vos parquets, supprimez les meubles et les tapis d'Orient. »

La plupart des vingt-six constructions que Le Corbusier réalisa pendant les années vingt étaient des maisons. Toutes portaient sa signature : de larges fenêtres en bandeau pour assurer un ensoleillement maximal ; un plan libre où l'espace intérieur est entièrement redistribué en fonction des besoins des habitants, éventuellement à l'aide de parois volantes ; nulle dissimulation pour masquer l'ossature de la structure. Les années suivantes, Le Corbusier se consacra à l'édification de bâtiments collectifs, ancêtres des gratte-ciel qui surgiront après la Seconde Guerre mondiale.

Puis survint la grande crise de 1929. La dépression économique qui s'ensuivit sapa les espoirs et l'enthousiasme de la décennie antérieure qui avait vécu son exubérance sur des airs de charleston et de danses africaines comme le black bottom. De cette phase morose, le *Decorative Year Book* de 1932 a dressé le constat :

Ci-dessus : *Cet intérieur, dessiné en 1930 par Frank Gutmann, fournit un excellent exemple de la palette de couleurs populaires dans les années trente : bleu pâle, crème et abricot. Des couleurs apaisantes et méditerranéennes qui reflètent au mieux les origines géographiques de la « machine à habiter » de Le Corbusier.*

Ci-contre et ci-dessus, à droite : *Dans les années trente, la préoccupation majeure du design était la lumière. De plus, on cherchait à gommer tout détail inutile. De telles options se traduisirent par une apparence d'extrême austérité, ainsi qu'en témoigne cet intérieur aménagé en 1937. Parallèlement à ce parti pris de sobriété, on n'utilisa que les matériaux les plus nobles : érable champêtre, bois de rose, cuir blanc et... aluminium !*

« Sans doute peut-on affirmer que l'époque du jazz est finie. Extravagance et absurdités constituaient le sel et le poivre exigés durant ces fols moments d'après-guerre marqués par la fièvre même du conflit et la gaieté née de l'armistice. Ces folies sont aujourd'hui sur le déclin. »

Dans les années trente, la mode, en matière d'aménagement intérieur, était à l'aérodynamisme, cliché lancé en 1932 lorsque l'architecte Norman Bel Geddes publia *Horizons,* ouvrage sur la philosophie du design industriel. Norman Bel Geddes, également scénariste et décorateur de théâtre, prônait cette révolution culturo-technologique au service de laquelle il prenait la plume. Des aspirateurs aux taille-crayons, des rasoirs aux tubes de dentifrice, des paquets de cigarettes aux réfrigérateurs, il se faisait l'apôtre d'un modernisme dédié aux consommateurs et encourageait un matérialisme sans équivalent depuis le milieu du règne de Victoria.

L'ÈRE DU FONCTIONNEL

En 1939, le monde s'engageait une fois de plus dans un conflit mondial. Oubliées donc toutes les préoccupations esthétiques ! On était en temps de guerre. Mobilier et textiles devenaient des éléments secondaires. La production se mettait au service des armées pour leur fournir armement, uniformes et équipement militaire.

À partir de 1943, le ministère du Commerce britannique commençait à fabriquer, sous la direction de Gordon Russell, un mobilier correspondant à des besoins de consommation courante. À l'origine de cette initiative, les propres recherches de Gordon Russell qui, dans les années trente, avait tenté de réconcilier les objectifs de William Morris, à

propos de la qualité artisanale, avec les avantages liés à une production mécanisée. Quant au but véritable de cette entreprise, il était de sauvegarder de la matière première sans sacrifier aux impératifs d'un bon design. Du fait de la rareté du bois, on se tourna donc vers des techniques et des matériaux nouveaux permettant l'utilisation de l'aluminium et du contre-plaqué. Nécessité qui s'inscrivait directement dans l'esprit du modernisme.

Cette démarche eut pour conséquences de promouvoir le design britannique et d'offrir à une clientèle plus large un produit d'une qualité sensiblement meilleure que celle qu'elle obtenait auparavant pour un prix égal. À cet égard, on peut affirmer que Gordon Russell a réalisé une partie des idéaux de William Morris. Malheureusement, le résultat se révéla quelque peu décevant. Les meubles produits étaient terriblement démodés et tristes plutôt que classiques. Il faut dire que ces années d'après-guerre se trouvaient placées sous le signe de la morosité. Quant aux meubles « utilitaires », ils furent suivis par l'apparition des maisons préfabriquées dont Gropius avait lancé l'idée quelque quarante ans auparavant. Pour ce qui était de la décoration, on cherchait à rêver en recourant à des motifs de champs de foire, de cirques, et le papier mural, qui avait perdu de son lustre, n'était plus qu'un moyen bon marché de raviver un intérieur terne. En fait, on avait pris l'Amérique pour modèle et on s'enthousiasmait pour les voitures de sport aux chromes rutilants et pour les bas nylon.

Le Festival of Britain, *dont nous voyons ici le logo, donna aux jeunes créateurs l'occasion de se faire connaître et de présenter leurs idées. Aux yeux de bien des gens, cette manifestation consacra l'ère d'un positivisme d'après-guerre, totalement nouveau, qui allait ouvrir la voie à l'exubérance expérimentale des années soixante.*

LE LOOK DES ANNÉES CINQUANTE

Le temps des vaches maigres s'acheva en 1951 et l'Angleterre vécut une grande période de renouveau créatif dans le cadre de son festival. Le style dont elle témoigna alors a souvent été qualifié de contemporain, mais il est possible de le définir comme une simplification populiste du style moderne de l'entre-deux-guerres. Typiques de cette époque, les textiles de Lucienne Day et les meubles d'Ernest Race. Néanmoins, les années cinquante ont accordé une importance suprême au bricolage ! Dans cette ère de confort, on veillait à la disposition de l'intérieur, à l'agencement de la cuisine, on célébrait l'avènement des surfaces plastifiées. Il fallait donc trouver le moyen d'apporter une note de fantaisie susceptible de nuancer l'hymne au fonctionnel. Le bricolage allait être ce dérivatif.

Partout dans le monde industrialisé, les demeures rétrécissaient. Les maisons jumelles, mitoyennes, étaient désertées au profit des tours et des gratte-ciel inhérents à la politique de reconstruction. En matière de décoration, les intérieurs devenaient plus dépouillés, plus urbains, plus stricts. Le plan ouvert en était un témoignage évident. En 1950, George Nelson, spécialiste d'aménagement intérieur, écrivit ainsi dans son ouvrage *Tomorrow's House* que « les petites cellules cloisonnées appelées pièces » avaient disparu. Processus logique dans la mesure où le plan

Dans ce salon londonien, se retrouvent tous les éléments caractéristiques de l'aménagement intérieur des années cinquante. Ils s'illustrent ici en un éclectisme plein de personnalité et de sophistication. Les teintes pâles des murs et de la bibliothèque, le tapis clair et surtout la table en forme de nuage annoncent déjà les lignes pures du design scandinave que le Festival of Britain *allait populariser.*

ouvert élargissait l'espace habitable et s'intégrait à merveille dans la libération des relations familiales, même s'il entraînait aussi quelques inconvénients parodiés dans le film *Mon Oncle* de Jacques Tati. N'importe, chacun s'extasiait devant une existence ponctuée de placards encastrés, de cuisine-salle à manger et de fenêtres en bandeau. Enfin, gage de confort : le chauffage central avait fait son apparition !

Conséquence de la miniaturisation des lieux de vie, le mobilier perdit de ses proportions. On dit adieu aux meubles massifs pour adopter des créations plus légères en alliage moderne. Dès 1939, l'architecte et peintre suisse, Hans Coray, avait dessiné, pour l'Exposition nationale suisse, la chaise *Spartana* qui fut réalisée en série à partir de... 1971 ! Cependant, c'est le créateur de meubles américain Charles Eames qui, le premier, lança la chaise empilable en plastique moulé ainsi qu'une version de la traditionnelle chaise longue. De ces réalisations, le *Daily Mail Ideal Home Book* de 1951-1952 décrit l'allure en ces termes : elles ont « un air de simplicité, presque rustique, tout à fait étonnant pour un objet aussi gracieux et sophistiqué. Telle une ballerine sur pointes, tables et chaises se tiennent sur leurs pieds minces [...] Le but vise à élargir la perception spatiale dans de petites pièces — une impression d'immatérialité, affirment les designers ».

Par ailleurs, on s'intéresse à un autre aspect de la gamme du mobilier utilitaire des années cinquante : le kit ! N'est-ce pas la solution miracle pour recourir à des éléments de rangement pratiques ? Tout le monde se précipite sur les étagères, les bibliothèques au montage ultra-simple. Le kit remporte un énorme succès.

Aux yeux de la majorité des Britanniques, le style contemporain et même le kit symbolisent véritablement le dynamisme, la liberté et la gaieté censés caractériser ces fameuses années cinquante, ces « années d'affluence » comme on se plaît à le dire dans un jargon positiviste ! Ce style, qui marque en réalité un mode de vie, touche toutes les classes de la société. Il n'est pas de maisons qui ne possèdent ses plantes vertes, ses tableaux d'inconnus destinés, nul n'en doute, à devenir célèbres, ses bibelots en tout genre. On met l'accent sur les angles nettement découpés. Par suite, l'éclairage se fait vif, intentionnel. On joue des contrastes entre des couleurs primaires et des tons neutres. Des motifs géométriques simples en forme d'étoile, de cercle, d'hexagone se retrouvent bien en évidence partout. Les papiers peints déploient une sophistication nouvelle et côtoient les lins ou les soies tendus tandis que cuisines et salles de bains accueillent enfin des papiers vinyliques extrêmement résistants et lavables de surcroît. En fait, la salle de bains est même devenue un lieu de relaxation où on peut écouter de la musique ou faire quelques exercices de musculation.

Le pôle de référence de cette période continue à être l'Amérique dont on reprend les valeurs, dont on copie les produits de consommation courante. Puis naît un grand facteur de changement social : la télévision. Du coup, les habitudes se modifient. On passe maintenant des heures chez soi à regarder le petit écran, souvent encastré dans un coffret de bois verni, et, par suite, on porte un intérêt nouveau à la décoration du salon.

À l'époque, les créations de meubles les plus réussies proviennent de la Scandinavie qui a su garder ses traditions populaires. La Suède et ses lignes simples, ses intérieurs en bois naturel et son artisanat de qualité constitue un modèle. Plus tard, ce sera au tour du Danemark dont les réalisations remarquables d'un Arne Jacobsen avec sa chaise « fourmi » transforment l'austérité du fonctionnel en élégance authentique.

La Finlande fait montre d'une hardiesse contagieuse et offre toute une gamme de textiles aux coloris lumineux. Le succès scandinave est incontestable. En effet, il se manifeste un peu de lassitude face à un certain type de design anglo-saxon qui, malgré son haut niveau technologique, présente souvent une faible qualité et de mauvaises finitions. On en revient au bon sens, à la raison.

LE DESIGN ITALIEN

Vers la fin des années cinquante, il devient indéniable qu'il faut absolument pallier les faiblesses du style contemporain. Si le modernisme veut conserver son pouvoir, il se doit d'exprimer un dynamisme accru. Contre toute attente, le changement ne proviendra ni de la fière Angleterre, ni de la France qui a pourtant lancé nombre de modes dans le passé ; ni d'Allemagne, berceau du modernisme ni même de l'aérodynamisme américain. Le changement, c'est l'Italie qui l'engendrera, l'Italie, patrie de la Renaissance.

À la fin de la Seconde Guerre mondiale, l'Italie traversa une période de vive réaction contre le style des années trente lié au fascisme. De fait, le design italien vers 1950 présenta une apparence de rondeur et de douceur que résume parfaitement le terme d'organique. Fluidité qui se retrouva dans toutes les réalisations de l'époque, depuis la machine à écrire Olivetti jusqu'aux machines à café de Gio Ponti sans oublier la ligne lisse de la Vespa. Cassina, célèbre firme de meubles, eut alors le mérite de produire nombre d'idées remarquables telle la chaise *Superleggera* de Gio Ponti en 1957. Cette énergie et cette richesse de talents créatifs permirent à l'Italie de devenir le premier exportateur mondial de mobilier. Cette révolution dans le design alla de pair avec l'utilisation d'une grande variété de nouveaux matériaux : les agglomérés, les aciers laminés, le verre, les caoutchoucs mousse et divers plastiques. Ces derniers furent largement exploités, en particulier par l'architecte et designer avant-gardiste Gino Colombini qui sut donner aux réalisations qu'il effectua de 1955 à 1960 pour la firme Kartell une extraordinaire dimension esthétique, depuis les consoles murales jusqu'aux paniers à salade et aux passoires. Peu à peu, l'élégance à l'italienne contamina l'Europe tout entière. Comme le fit remarquer le designer florentin Andrea Brazi, « même les plus petits fabricants de meubles apprirent bien vite à réaliser des comptoirs ressemblant aux créations de Gio Ponti ».

LES ANNÉES SOIXANTE

L'Italie, certes, marqua de son empreinte les années soixante ; pourtant les changements de cette décennie tinrent, plus qu'à une réflexion théorique sur l'art, à l'émergence d'un phénomène social lié au nouveau pouvoir des jeunes. Les adolescents, les jeunes gens cherchaient un style bien à eux et disposaient désormais de moyens dont les générations précédentes n'avaient pu profiter. Dans *Les Blancs-becs* publié en 1959, Colin MacInnes souligne l'apparition d'un style bohème, mais non

Les années soixante et soixante-dix explosèrent, au plan social, d'une liberté encore jamais vécue. Naturellement, l'aménagement intérieur participa de cette ouverture, de cette décontraction. Sur ce tableau de David Hockney représentant le designer Ossie Clark et sa femme, on retrouve de nombreux éléments décoratifs des années soixante-dix : petite table de salon blanche, volets à la française, tapis épais ainsi que la fameuse chaise tubulaire… signée Ossie Clark en personne ! C'est à la même époque que Laura Ashley commença à faire véritablement parler d'elle avec ses célèbres associations d'éléments campagnards telles de simples lampes de céramique sur fond de papiers peints au charme rustique.

exempt d'une certaine discrimination. « J'ai décoré mon intérieur dans le style "antimépris", c'est-à-dire avec des papiers peints démodés trouvés en solde dans une boutique de Portobello Road, déclare le héros du roman. J'ai aussi un lit, à trois places, ainsi que l'indispensable tandem chaise-table, mais de chaise je n'en ai qu'une. En revanche, j'ai plein de coussins répandus sur mon seul et unique luxe : une moquette [...] Ce que je possède d'autre ? un tourne-disque, un petit transistor et des piles de disques et de livres que j'ai récupérés. »

Grâce à ces nouveaux consommateurs, les ventes de scooters, de mobylettes et de radios grimpèrent en flèche. Le mobilier ne demeura pas en reste. Néanmoins, on n'achetait plus les salons classiques ni les rideaux lourdement doublés. Non, aux yeux de la jeunesse, l'environnement se devait, au même titre que les vêtements ou tout autre objet, de refléter, au-delà des apparences, un certain choix de vie. L'allure importait. Il fallait du style. C'était l'époque de la pop'culture, de la liberté, des expériences. Qui se souciait des conventions ? Et cet état d'esprit se reflétait dans le mobilier, dont on rejetait l'aspect formel, la permanence.

Fort de cette analyse, le designer Terence Conran ouvrit alors sa première boutique sur Fulham Road, à Londres. Du jour au lendemain, Terence Conran devint le chef de file de cette option du goût sur mesure. Le *Sunday Times* en fit d'ailleurs la remarque dès l'ouverture de cette... nouvelle race de magasins : « L'achat de mobilier, d'objets pour la maison, semble devenir de plus en plus l'affaire d'une impulsion, d'un coup de cœur, en particulier pour les jeunes. »

Londres était effectivement le centre d'attractions et de références de la jeunesse remuante des années soixante. Ville folle et drôle. Les modes ne cessaient de changer. Aux mini-jupes succédèrent les maxis, puis le turquoise chassa le mauve. En matière d'aménagement intérieur, les folies défilaient à une allure étourdissante. Peter Murdoch fit sensation avec sa chaise en fibre de verre tachée de noir. Certains « trucs » duraient plus longtemps que d'autres. Les nuances argent connurent un véritable boom : il y eut ainsi des spots chromés, des meubles en acier poli et même des taies d'oreillers argentées. Le bois blanc, bien que difficile à entretenir, marqua cette décennie et manifeste encore une extraordinaire bonne santé. L'Italien Joe Colombo enregistra un énorme succès avec son lit rabattable, sa fabuleuse lampe *spider* (araignée) et son fauteuil *Elda*. Le designer Quasar Khan dessina un mobilier gonflable en chlorure de polyvinyle tandis que la firme Zanotta lançait les fauteuils *sacco*, réalisés par Gatti Teodoro Paolini, qui, remplis de billes de polystyrène, épousent par inertie la forme du corps.

Parallèlement au courant pop, certains décorateurs et architectes d'intérieur firent campagne pour hausser le niveau de qualité. John Fowler entreprit de minutieuses études sur les tissus d'époque et les gammes de coloris correspondants et réalisa ainsi de superbes travaux de restauration dans de vieux manoirs. David Hick, célèbre pour ses associations hardies d'ancien et de moderne, créa des pièces où il juxtaposait avec un rare bonheur couleurs et textures. L'art de la

Ci-dessus : *Plus contemporaines encore, les réalisations de John Fowler qui décora en particulier le salon de Nancy Lancaster selon un style manoir qui, après le faste des années soixante, allait devenir une dominante dans la décoration des années quatre-vingt.*

Ci-contre : *L'éclectisme de l'aménagement intérieur durant les folles années soixante s'exprime tout particulièrement dans les réalisations de David Hicks. Ici, par exemple, il associe sans vergogne urnes et obélisques, thèmes qui allaient bientôt symboliser sa griffe, à une peinture avant-gardiste et à une chaise tapissée de motifs op'art noir et blanc, superbe.*

décoration, affirma-t-il, est « l'art d'obtenir le maximum avec le minimum ». Malheureusement, le style de David Hick, repris par des mains moins expertes, a parfois donné un résultat où le maniérisme le disputait à la froideur. N'importe, les magazines « bon chic bon genre » le reprirent au point qu'il devint un symbole d'élégance à propos duquel Quentin Crisp déclara : « Plus les revenus sont élevés, plus le mobilier est vilain. » En revanche, la chaîne des magasins de Terence Conran (qui ne connaît Habitat ?) continue à tenir sur un marché avide de produits confortables et agréables à l'œil.

À partir de 1965, une trêve s'impose. Se manifeste alors un regain d'intérêt pour des modes passées. On est las du bruit, des couleurs et du dynamisme invétéré de la pop. Les jeunes se tournent vers le style victorien qui leur permet d'associer un goût un tantinet hippy pour les fleurs en tout genre et les espaces rétrécis. La classe moyenne redécouvre les charmes des revêtements muraux à rayures de la Régence et de l'élégance géorgienne tandis que les intellectuels se piquent de kitsch.

LE MODERNISME ACTUEL

Pourtant, le modernisme vit toujours. Et il vit bien, non seulement dans des créations de haute technologie où les échaffaudages coexistent avec des éclairages d'usine, des sièges de voiture, des consoles en métal et des sols en caoutchouc, mais aussi dans l'expression d'un mouvement international connu sous le nom de « post-modernisme ». Ce mouvement, limité à l'origine au style créatif d'architectes américains tels que Michael Graves et Charles Jencks, a su, en utilisant au maximum de leurs possibilités les nouvelles techniques du bâtiment et de l'industrie, redonner un sens aux thèmes du design. Parmi ses représentants, il importe de citer le designer italien Ettore Sottsass dont les réalisations sont véritablement éblouissantes. Ce pionnier de l'objet industriel, inspiré de la pop' culture comme d'anciennes religions, a modelé ses créations en autant de sculptures sobres et intriguantes, colorées et arrogantes.

AUJOURD'HUI, L'AVENIR

L'élégance stricte, les lignes nettes du design moderne et les matériaux lisses d'une technologie triomphante suscitaient chez d'aucuns un rien de nostalgie. Ils pensaient que cette mode ne correspondait pas à leur environnement ou à l'idée qu'ils s'en faisaient. Mais ceux-là ont trouvé chez Laura Ashley la chaleur qui leur manquait. Dans ses coloris tendres et ses tissus raffinés, ils ont redécouvert un style susceptible de les aider à réinventer un art de vivre. Une raison de profiter au mieux d'une existence confortable où modernisme et décontraction enfin se réconcilient sous le signe du charme.

LE STYLE MODERNE

Laura Ashley

Dans une demeure moderne, l'aménagement intérieur n'a pas besoin de s'en tenir aux lignes strictes et froides pour donner un ton contemporain. Ici, de jolis tissus à volants adoucissent l'allure des chaises tandis que le tapis de table s'orne d'un ruban dans le biais en ruché gris. Résultat : une décontraction très à la mode.
Nous sommes de ces stylistes qui aimons le style pour le style, et un style pétri d'histoire. Néanmoins, nous apprécions la décoration typiquement moderne de ces pièces aux lignes pures où la lumière joue sur des couleurs fraîches et neuves. Nous recourons ici à quelques détails simples et apaisants : un énorme pot de troène, des plinthes marbrées, des rayures audacieuses, un sens délicieux de l'utilisation des couleurs. Et le tout, empreint de sobriété. L'intérieur des temps modernes répond à un goût très sûr.

Laura Ashley n'a jamais cherché à paraître « moderne », à créer un « design moderne ». En revanche, l'entreprise s'est toujours efforcée de définir les normes d'un habitat moderne.

Un intérieur moderne ne doit pas nécessairement recourir au chrome, au verre, au plastique ou à l'acier. Aux yeux de Laura Ashley, le style moderne est une sophistication décontractée où la décoration, loin de se voir sacrifier sur l'autel du design, coexiste en harmonie avec les tendances actuelles.

Des imprimés discrets et nullement marqués par une époque s'adaptent aussi bien à un appartement moderne qu'à une demeure traditionnelle. Les lignes nettes des rayures classiques, les dessins géométriques d'un sol carrelé dénotent aussitôt une atmosphère contemporaine. La fraîche simplicité du bois blanc discipline avec maestria les espaces de couleurs vives et les stores donnent aux fenêtres une sobriété apaisante.

Tout en recourant à des techniques actuelles, Laura Ashley a su mettre en œuvre des idées de décoration absolument adaptées à la décontraction et à la spontanéité de la vie moderne.

Ici, de nouveaux imprimés de la collection Bloomsbury riches de diversité. Leurs coloris apportent une insouciance aérienne à un salon totalement contemporain.
Quelques détails, simples mais frappants, souvent répétés pour jouer d'emphase, donnent à la pièce son aspect résolument moderne. Le plus important tient peut-être à ces immenses fenêtres qui couvrent toute la hauteur d'un mur et fournissent le plus envié des luxes actuels : la lumière. Alentour, le bois blanc contraste avec les murs abricot, vaste pan coloré courant jusqu'à la loggia où il fait bon sommeiller par de chauds après-midi.
Ailleurs, la gamme des couleurs s'enrichit de gris clair. Il ne restait plus qu'à conjuguer les trois nuances. C'est ainsi que sofa et fauteuils se parent d'abricot tandis que les tables arborent, en un joli contrepoint, un coton à rayures grises et blanches. En revanche, coussins, chauffeuse et rideaux jouent des trois harmonies en un motif naïf et gai sur le thème du vent. Autre motif de fleurs abricot sur fond blanc et gris pour les housses des chaises et la petite nappe de table. Détail élégant : le ruban dans le biais en ruché gris bordant certains éléments. Remarquez enfin la corniche, superbe. Elle a repris, avec une audace admirable, le gris et l'abricot, non seulement pour parfaire l'unité des lieux, mais aussi pour en accentuer la fraîcheur.

La simplicité constitue la pierre de touche d'un style de vie moderne et, dans ce salon de Port-Grimaud, au bord de la Méditerranée, nous en avons l'expression parfaite. Ces lieux échappent en effet à toute classification sociale et distillent un charme souverain où la sophistication actuelle rencontre l'authenticité de la Provence. Ils déploient avec emphase ces formes linéaires qui sont tant au goût du jour. La preuve ? Le sofa, bien sûr, ainsi que la petite table basse, les marches solides et la fenêtre à croisillons.

Ils s'enorgueillissent aussi de leurs murs peints à la chaux, de leurs carreaux de terre cuite provenant d'un mas provençal, d'une armoire d'angle ornée d'une ravissante vaisselle et de simples chaises de cuisine dont l'assemblage à queue d'aronde exhale une rusticité délicieuse.

Une lumière très pure, élément fondamental des maisons contemporaines, coule à flots par les portes-fenêtres. Des rideaux aux rayures très fraîches s'accrochent aux anneaux blancs d'une tringle blanche. Hormis le blanc et les teintes naturelles du bois et de la terre cuite, deux autres couleurs éclairent l'endroit : le jaune moutarde et le bleu saphir. Le sofa, ingénieuse superposition de tiroirs, se voit habillé de banquettes et de dossiers à rayures bleues et blanches, de coussins semés de bleuets sur fond jaune. Couleurs également reprises sur le papier rayé qui tapisse l'intérieur du meuble en écoinçon. Ultime clin d'œil au style contemporain : les différents objets groupés au pied de l'escalier.

Spectaculaire, ce vestibule de Floride avec ses hautes voûtes supportées par des colonnes et son escalier majestueux ! Pour accentuer le caractère théâtral de l'endroit, il importait d'user de hardiesse et d'emphase, de couleurs fortes et de motifs ne risquant pas de se perdre dans cet espace immense. C'est ainsi que noir, blanc et gris composent un ensemble puissant. Noir et blanc pour les dalles, indispensable élément de fraîcheur sous de telles latitudes, et plâtre brut pour les murs nus hormis un tableau de nuances sombres, pour le plafond et l'escalier. Sur la droite de cette illustration, de gigantesques portes-fenêtres ouvrent sur le jardin, s'abritent derrière de longs rideaux à rayures grises et blanches qui laissent cependant libres les élégantes fenêtres surmontées de voûtes à la Dioclétien. Dans de grands pots blancs, de jeunes arbustes ajoutent à l'impression de fraîcheur ombrée.

La table, au centre, a été pensée pour attirer l'attention du visiteur et l'obliger à s'attarder. Elle se drape d'un superbe tissu à motifs stylisés gris et cramoisi. L'escalier, espace immaculé, affiche avec une dignité désinvolte un fin travail en fer forgé, délicat filigrane que reprennent lustre et chandeliers. Notez aussi la majesté de ces splendides cordes de satin tressé cramoisi passées autour d'antiques têtes de lion en bronze. Cet usage de l'objet ancien se teinte de malice et adoucit l'atmosphère de cette pièce imposante.

Le charme de ce salon est extraordinaire ! Pièce principale d'un bungalow de la plage de Brighton, il respire la fraîcheur et la douceur de vivre, sentiments encore renforcés par ses couleurs simples et claires. Un papier à rayures évoquant volontiers le berlingot tapisse les murs et donne le ton d'une symphonie en pastel reprise par de ravissantes nappes rayées bleu et blanc, par le tableau pointilliste qui sous-tend l'ensemble. Cette peinture réunit en effet tous les bleus, roses, blancs et jaune paille qui égaient la pièce. Autant de nuances qui auraient enchanté les impressionnistes !

Admirez ces sièges en osier si confortables ! C'est vrai que leur forme légère les rend moins encombrants que des fauteuils traditionnels. Revêtus d'une couche de blanc brillant, ils arborent de splendides coussins de chintz blanc frappés d'une débauche de fleurs colorées et retenus par de jolis nœuds saphir. Dans un coin, une pile de coussins où il fait bon s'asseoir et lire déclinent à leur tour les teintes des lieux. Veille aussi l'horloge de parquet ancienne nappée, vive le surréalisme ! de blanc. Il est manifeste que le blanc est partout, qui sert à illuminer le salon, à accentuer le relief du moindre détail tel ce napperon de dentelle sur lequel trône un service en porcelaine aux motifs discrets. Le sol de simples planches a lui aussi été peint, ce qui lui permet de mieux capter la lumière, d'agrandir l'espace. Pas de doute, dans ce salon règne une atmosphère de vacances !

Décorer une demeure moderne constitue souvent un défi car, en général, il importe d'agrandir au maximum l'espace habitable. Dans cette superbe maison londonienne, on a trouvé la solution à ce problème en utilisant des couleurs détonnantes, des motifs géométriques et un minimum de mobilier.

Au rez-de-chaussée, une pièce unique sert de salon-salle à manger. Tous les murs ont été peints en blanc mat tandis que des carreaux noirs et blancs tapissent le sol. Ce choix donne un fini net, aigu même à ce lieu que divise un tapis oriental aux motifs audacieux. Le textile s'organise autour d'une dominante à rayures vert olive et bleu brillant évoquant la toile des anciens transats. Les sièges, simples chaises de cuisine en bois, affichent une ligne aérodynamique maintenant qu'ils disparaissent sous une housse du même tissu. La table à abattants, en fibre de bois, est ornée d'une grande nappe rouge elle-même recouverte d'une pièce de tissu géométrique. Un canapé, aux dimensions parfaitement adaptées aux lieux, domine la scène sans réduire l'espace. Portes et fenêtres arborent elles aussi des toiles inspirées des chaises longues et les tableaux font l'objet d'un encadrement sobre en acier ou en métal noir, accentuant ainsi quelques touches de rouge coquelicot. Dans un coin, la lampe a des allures de triangle renversé sur un pied en acier noir. Enfin, au niveau des plinthes, une bordure de papier à motifs de losanges noirs reprend le thème du carrelage. Dans le hall, la même technique a été utilisée pour un résultat frappant. C'est la preuve que l'on peut obtenir un effet extraordinaire en jouant de trois éléments seulement : peinture blanche, carreaux noirs et blancs et bordure géométrique !

SUMMER

En décoration, l'élimination totale des couleurs est une idée aussi extrémiste que l'utilisation excessive de primaires diaboliques ! Cependant, le résultat est ici un équilibre harmonieux pour cette pièce paisible et facile à vivre. Le beige, couleur élégante, plus chaleureux que le blanc et moins ennuyeux que le gris, apporte une douceur délicieuse à la dure lumière du nord, une sensation d'espace en un lieu pourtant petit. Grâce aux subtiles variations des nuances, le monochrome n'est jamais monotone qui allie le miel, le blond, l'ivoire, le crème et le beige, tous employés sur fond de bois peint en blanc. Le papier à rayures neutres couvre tous les murs depuis le salon jusqu'à la cuisine aux carreaux crème, aux placards en bois clair. Cette cuisine, ou plutôt kitchenette, se cache d'ailleurs volontiers derrière un paravent, si nécessaire. L'élément le plus remarquable de la pièce ? Les rideaux sans doute, en chintz somptueux dont les plis lourds luisent d'un éclat velouté, totalement moderne. Pour les coussins, chintz aussi qui, sur les bords, est agrémenté de volants... typiques de l'époque actuelle. Univers feutré. La table et les chaises arborent une nappe et des housses inhabituelles, à grands plis creux et bordées d'un large galon d'une nuance plus soutenue. Ici, tout, depuis les vases jusqu'au pied de lampe sans oublier les tabourets et les coupes, participe d'une véritable et magnifique illustration du style moderne.

L'une des caractéristiques du style moderne est l'habileté avec laquelle il sait associer des éléments d'époque à un environnement très contemporain susceptible de les mettre en valeur. Ce salon d'une demeure du Berkshire en est une parfaite illustration.

Il suffit d'observer combien la décoration choisie accentue les proportions de ses panneaux longs et étroits à la manière du XVIIIe siècle. La cheminée elle-même, en marbre gris, s'intègre à l'ensemble.

Des couleurs pâles et douces tissent un décor feutré. Contre les murs abricot, la teinte crème-abricot des panneaux prend davantage de relief tandis que l'on a choisi une combinaison d'abricot et d'aigue-marine, couleurs complémentaires, pour les rideaux et le capitonnage, deux points forts du lieu.

Curieusement, on a également allié l'orange et le rose, mais cette association, *a priori* étonnante, donne un résultat délicieux. Le rose pâle, que soulignent les tons plus vifs du tapis, apporte un feu nouveau à l'abricot et relève la désinvolture estivale de l'aigue-marine. Par endroits, surgissent des coussins de coton ponctués de fleurettes, voire de fleurs épanouies.

Cependant, la variété des motifs est limitée, conformément aux canons du modernisme. Certes, d'autres couleurs sont utilisées mais avec parcimonie ; ainsi le tableau au-dessus de la cheminée, le paravent en laque, l'abat-jour, le tapis ou la vaisselle en porcelaine. La tonalité majeure tient, en vérité, à l'usage d'une palette sereine qui souligne la qualité de la lumière et donne à la pièce son caractère paisible.

Décorer une chambre de garçon ? Quel casse-tête ! Contrairement aux jeunes filles, les garçons se montrent souvent circonspects à l'égard de la décoration en général. Une telle attitude leur vaut alors un lieu sans âme, austère... et soi-disant viril ! En fait, ils ont besoin, pous s'épanouir, d'un espace susceptible de capter la simplicité énergique de leurs héros. À partir de cette idée ou même tout bonnement d'un de leurs passe-temps favoris, il est possible de déterminer un thème original qui donnera du caractère, du « punch » à leur chambre. Ici, par exemple, le nautisme a été utilisé, non seulement pour exposer des objets décoratifs, mais aussi pour définir l'atmosphère de la pièce. On a donc recouru à des variations en bleu et blanc afin d'évoquer l'univers de la marine et, sur la partie supérieure des murs, une discrète bordure de feuilles peintes rapetisse les proportions, suggère la cabine d'un capitaine au long cours. Par endroits, de vastes champs de blanc élargissent l'espace, suggèrent le vent du large. Le plancher, cerné de plinthes bleu saphir, s'éclaire d'un blanc brillant. La porte affiche des montants et traverses bleus, mais garde des panneaux blancs tandis que les autres boiseries se parent de blanc brillant. L'un des placards a abandonné sa porte et, à l'instar des navires d'antan, expose des étagères faciles d'accès et parfaitement ordonnées. Le cadre du lit, avec ses bords relevés, évoque tout particulièrement la couchette d'un mousse. La literie à fines rayures s'illumine d'une couette semée de trèfles bleus et d'un superbe quilt ancien à motifs de hublots. Enfin, lit et commode prennent, avec leur allure délavée cernée de bleu, une coloration... historique !
Pour travailler, un austère bureau d'écolier qu'égaie une chaise blanche capitonnée de bleu denim. Ce coton est repris pour la table, les stores et le fauteuil. Ce fauteuil est, par ailleurs, très important dans la mesure où les enfants adorent posséder des objets... d'adulte !

Moderne aussi cette salle de bains... de maison de campagne ! Ici, tout se joue dans l'usage de la peinture qui allie avec une franche audace les rayures abricot et aigue-marine. Ces couleurs se retrouvent sur le store, d'une exubérance folle avec ses jolies taches pastel, qui, en définissant les lignes de la fenêtre, lui donnent une allure très pure. Une épaisse couche de peinture blanc brillant souligne les planchers, les plinthes, le cadre de la fenêtre et jusqu'au radiateur démodé, prêtant à la pièce un aspect frais, aérien.
Ces rayures sur les murs, comment les a-t-on réalisées ? Affaire d'idées et de persévérance. On a tout d'abord appliqué une couche abricot. Cette opération terminée, un fil à plomb a permis le traçage des verticales. Il ne restait plus qu'à utiliser du papier collant en guise de cache et à attaquer les bandes laissées à découvert pour les revêtir d'aigue-marine ! Cette association de couleurs complémentaires assure un effet remarquable. Dernier détail d'importance : le fauteuil des années trente en vannerie, peint en blanc et orné d'un coussin assorti au store.

MAGASINS LAURA ASHLEY

AUSTRALIE

The Gallerie,
Gawler Place,
ADELAIDE,
South Australia 5000

1036 High Street,
ARMADALE,
Victoria,
Australia 3134

Shop 84,
Wintergarden,
171 Queen Street,
BRISBANE,
Queensland,
Australia 4000

Ship 58,
The Gallery,
Lemon Grove,
Victoria Avenue,
CHATSWOOD,
N.S.W.,
Australia 2067

3 Transvaal Avenue,
Double Bay,
N.S.W.,
Australia 2028

Shop 49,
Market Square,
Moorabool Street,
GEELONG,
Victoria,
Australia 3220

Centrepoint,
209 Murray Street,
HOBART,
Tasmania 7000

179 Collins Street,
MELBOURNE,
Victoria,
Australia 3000

City Arcade,
Hay Street Level,
PERTH,
Western Australia 6000

114 Castlereagh Street,
SYDNEY,
Australia

Mezzanine Level -
Centrepoint,
Castlereagh Street,
SYDNEY,
Australia

AUTRICHE

Judengasse 11,
SALZBURG

Weinburgasse 5,
1010 VIENNA

BELGIQUE

Frankrijklei 27,
2000 ANTWERP

Le Grand Sablon 31,
1000 BRUSSELS
(Decorator Showroom)

CANADA

Sherway Gardens,
ETOBICOKE,
Ontario,
M9C 1B2

2110 Crescent Street,
MONTREAL,
Québec,
H3G 2B8

136 Bank Street,
OTTAWA,
Ontario,
K1P 5N8

Wilfred Laurier Boulevard,
STE-FOY,
Québec,
G1V 2L1

18 Hazelton Avenue,
TORONTO,
Ontario,
M5R 2E2

1171 Robson Street,
VANCOUVER,
British Columbia,
V6E 1B5

Bayview Village Shopping
Center,
2901 Bayview Avenue,
WILLOWDALE,
Ontario,
M2K 1E6

Mail order :

Laura Ashley,
5165 Sherbrook Street W.,
Suite 124,
MONTREAL,
Québec,
H4A 1T6

ÉTATS-UNIS

Crossgates Mall,
120 Washington Avenue
Extension
ALBANY,
NY 12203

139 Main Street,
ANNAPOLIS,
MD 21401

514 East Washington Street,
ANN ARBOR,
MI 48104

29 Surburban Square,
ARDMORE,
PA 19003

Lenox Square,
3393 Peachtree Road,
ATLANTA,
GA 30326

Perimeter Mall,
4400 Ashford-Dunwoody
Road,
ATLANTA,
GA 30346

Highland Mall 1224,
6001 Airport Boulevard,
AUSTIN
TX 78752

Pratt Street Pavilion,
Harborplace,
BALTIMORE,
MD 21202

203 Beachwood Place,
26300 Cedar Road,
BEACHWOOD,
OH 44122

2000-219 Riverchase,
Galleria M
BIRMINGHAM,
AL 35244

180 Town Center Mall,
BOCA RATON,
FL 33431

83 Newbury Street
BOSTON
MA 02116

23 Church Street,
BURLINGTON,
VT 05401

Charles Square,
5 Bennett Street,
CAMBRIDGE,
MA 02138

Carmel Plaza,
CARMEL-BY-THE-SEA,
CA 93921

Charleston Place,
130 Market Street,
CHARLESTON,
SC 29401

The Mall at Chesnut Hill,
199 Boylston Street,
CHESNUT HILL,
MA 02167

Watertower Place,
835 N. Michigan Avenue,
CHICAGO,
IL 60611

The Citadel,
750 Citadel Drive E. 2008,
COLORADO SPRINGS,
CO 80909

1636 Redwood Highway,
CORTE MADERA,
CA 94925

3333 Bristol Street,
South Coast Plaza,
COSTA MESA,
CA 92629

Galleria 13350 Dallas Parkway,
Suite 1585,
DALLAS,
TX 75240

423 North Park Center,
DALLAS,
TX 75225

Danbury Fair Mall C-118,
7 Backus Avenue,
DANBURY,
CT 06810

1439 Larimer Street,
DENVER,
CO 80202

The Kaleidoscope at the Hub,
555 Walnut Street,
Suite 218,
DES MOINES,
IA 50309

Twelve Oaks Mall,
27498 Novi Road,
Suite A,
DETROIT,
MI 48056

Galleria Shopping center,
3505 West 69th Street,
EDINA,
MN 55435

11822 Fair Oaks Mall,
FAIRFAX,
VA 22033

West Farms Mall,
FARMINGTON,
CT 06032

2492 E. Sunrise Boulevard,
Galleria Mall,
FORT LAUDERDALE,
FL 33304

213 Hulen Mall,
FORT WORTH,
TX 76132

58 Main Street,
FREEPORT,
ME 04032

Saddle Creek Shopping
Center,
7615 W, Farmington
Boulevard,
GERMANTON,
Tennessee 38138

Glendale Galleria,
GLENDALE,
CA 91210

Woodland Mall,
3175 28th Street S.E.,
GRAND RAPIDS,
MI 49508

321 Greenwich Avenue,
GREENWICH,
CT 06830

Riverside Square Mall,
HACKENSACK,
NJ 07601

Ala Moana Center 2246,
HONOLULU,
HI 96814

The Galleria,
5015 Westheimer,
Suite 2120,
HOUSTON,
TX 77056

1000 West Oaks Mall,
Suite 124,
HOUSTON,
TX 77082

Fashion Mall,
8702 Keystone Crossing,
INDIANAPOLIS,
IN 46240

The Jacksonville Landing,
2 Independent Drive,
JACKSONVILLE,
FL 32202

Country Club Plaza,
308 W. 47th Street,
KANSAS CITY,
MO 64112

The Esplanade,
1401 W. Esplanade,
KENNER,
LA 70065

White Flint Shopping Mall,
11301 Rockville Pike,
KENSINGSTON,
MD 20895

7852 Girard Avenue,
LA JOLLA,
CA 92037

Pavilion in the Park,
8201 Cantrell Road,
LITTLE ROCK,
AR 72207

10250 Santa Monica Boulevard,
LOS ANGELES,
CA 90067

Beverly Center,
121 N. La Cienaga Boulevard,
Suite 739,
LOS ANGELES,
CA 90048

Louisville Galleria 109,
LOUISVILLE,
KY 40202

2042 Northern Boulevard,
Americana Shopping Center,
MANHASSET,
NY 11030

Tysons Corner Center,
1961 Chain Bridge Road,
MCLEAN,
VA 22102

The Falls,
Space 373,
8888 Howard Drive,
MIAMI,
FL 33176

The Grand Avenue,
275 W. Wisconsin Avenue 5,
MILWAUKEE,
WI 53203

208 City Center,
40 South 7th Street,
MINNEAPOLIS,
MN 55402

Ridgedale Center,
12401 Wayzota Boulevard,
MINNETONKA,
MN 55343

The Mall at Green Hills,
2148 Abbot Martin Road,
NASHVILLE,
TN 37215

260-262 College Street,
NEW HAVEN,
CT 06510

333 Canal Street,
151 Canal Place,
NEW ORLEANS,
LA 70130

714 Madison Avenue,
NEW YORK,
NY 10021
(Decorator Showroom)

398 Columbus Avenue,
NEW YORK,
NY 10024

4 Fulton Street,
NEW YORK,
NY 10038

21 East 57th Street,
NEW YORK,
NY 10021

2164 Northbrook Court,
NORTHBROOK,
IL 60062

224 Oakbrook Center,
OAKBROOK,
RI 60521

Owings Mills Town Center,
10300 Mill Run Circle 1062,
OWINGS MILLS,
MD 21117

320 Worth Avenue,
PALM BEACH,
FL 33480

469 Desert Fashion Plaza,
123 North Palm Canyon Drive,
PALM SPRINGS,
CA 92262

12 Stanford Shopping Center,
PALO ALTO,
CA 94304

221 Paramus Park,
Route 17,
PARAMUS,
NJ 07652

401 South Lake Avenue,
PASADENA,
CA 91101

1721 Walnut Street,
PHILADELPHIA,
PA 19103

Biltmore Fashion Park,
2478 E. Camelback Road,
PHOENIX,
AZ 85016

20 Commerce Court,
Station Square,
PITTSBURGH,
PA 15219

1000 Ross Park Mall,
PITTSBURGH,
PA 15237

2100 Collin Creek Mall,
811 No. Central Expressway,
PLANO,
TX 75075

419 S.W. Morrison Street,
PORTLAND,
OR 97204

46 Nassau Street,
Palmer Square,
PRINCETON,
NJ 08544

2 Davol Square Mall,
Point & Eddy Street,
PROVIDENCE,
RI 02903

Crabtree Valley Mall,
4325 Glenwood Avenue,
RALEIGH,
NC 27612

South Bay Galleria,
1815 Hawthorne Boulevard,
Space 172,
REDONDO BEACH,
CA 90278

Commercial Block,
1217 E. Cary Street,
RICHMOND,
VA 23219

Regency Square Mall,
1404 Parham Road,
RICHMOND,
VA 23229

Northpark Mall,
1200 East County Line Road,
RIDGELAND,
MI 39157

531 Pavilions Lane,
SACRAMENTO,
CA 95825

74 Plaza Frontenac,
ST LOUIS,
MO 63131

St Louis Center C-330
515 N. 6 Street,
ST LOUIS,
MO 63101

139 Main Street,
STONY BROOK,
NY 11790

Old Hyde Park Village,
718 S. Village Circle,
TAMPA,
FL 33606

2845 Somerset Mall,
TROY,
MI 48084

Utica Square,
1846 21 Street,
TULSA,
OK 74114

1171 Broadway Plaza,
WALNUT CREEK,
CA 94596

3213 M. Street NW,
Georgetown,
WASHINGTON,
DC 20007

85 Main Street,
WESTPORT,
CT 06880

Bullocks Westwood Shops,
10861 Weyburn Avenue,
WESTWOOD,
CA 90025

422 Duke of Gloucester Street,
WILLIAMSBURG,
VA 23185

290 Park Avenue North,
WINTER PARK,
Florida 32789

740 Hanes Mall,
WINSTON-SALEM,
NC 27103

279 Promenade Mall,
WOODLAND HILLS,
CA 91367

108 Worthington Square Mall,
WORTHINGTON,
OH 43085

Mail order :

Laura Ashley Inc.,
1300 MacArthur Boulevard,
MAHWAH,
NJ 07430

Trolley Square,
SALT LAKE CITY,
UT 84102

247 Horton Plaza,
Space 265,
SAN DIEGO,
CA 92101

University Town Center,
SAN DIEGO,
CA 92122

1827 Union Street,
SAN FRANCISCO,
CA 94123

563 Sutter Street,
SAN FRANCISCO,
CA 94102
(Decorator Showroom)

Suite 1224,
North Star Mall,
7400 SAN PEDRO,
San Antonio,
TX 78216

Le Cumba Galleria,
3891 State Street 109,
SANTA BARBARA,
CA 93105

Valley Fair Mall,
Suite 1031,
2855 Stevens Creek Boulevard,
SANTA CLARA,
CA 95050

696 White Plains Road,
SCARSDALE,
NY 10583

F-331 Woodfield Mall,
SCHAUMBURG,
IL 60173

405 University Street,
SEATTLE,
DC 98101

The Mall at Short Hills,
SHORT HILLS,
NJ 07078

20 Old Orchard
Shopping Center,
SKOKIE,
IL 60077

Stamford Town Center,
100 Greyrock Place,
STAMFORD,
CT 06902

FRANCE

4 rue Joseph-Cabassol,
13100 AIX-EN-PROVENCE

2 place du Palais,
Porte Cailhau,
33000 BORDEAUX

Au Printemps,
Centre commercial
« Grand Var »,
Avenue de l'Université,
83160 LA VALETTE

25 rue Grande-Chaussée,
59800 LILLE

98 rue du Président-Édouard-Herriot,
69002 LYON
(Magasin et showroom)

4 rue des Dominicains,
54000 NANCY

Galeries Lafayette
6 avenue Jean-Médecin,
06000 NICE

Galeries Lafayette,
40 bd Haussmann,
75009 PARIS

Au Printemps,
64 bd Haussmann,
75009 PARIS

95 avenue Raymond-Poincaré,
75016 PARIS

94 rue de Rennes,
75006 PARIS

261 rue Saint-Honoré,
75001 PARIS

34 rue de Grenelle,
75007 PARIS
(showroom)

19 rue du Gros-Horloge,
76000 ROUEN

2 rue du Temple-Neuf,
67000 STRASBOURG

50 rue Boulbonne,
31000 TOULOUSE

Au Printemps,
Avenue de l'Europe,
Centre commercial Vélizy 2,
78140 VILLACOUBLAY

IRLANDE

60-61 Grafton Street,
DUBLIN

ITALIE

4 Via Brera,
20121 MILAN

JAPON

8-22 Hondori,
Naka-Ku,
HIROSHIMA-SHI

2-4-14 Honcho,
Kichijoji,
MUSASHINO-SHI

1-26-19 Jiugaoka,
Meguro-Ku,
TOKYO

PAYS-BAS

Leidestraat 7,
1017 NS AMSTERDAM

Bakkerstraat 17,
6811 EG ARNHEM

Demer 24A,
1611 AS EINDHOVEN

Papestraat 17,
2513 AV S-GRAVENHAGE

M. Brugstraat 8,
6211 GK MAASTRICHT

Lijnbaan 63,
1012 EL ROTTERDAM

Oude Gracht 141,
3511 AJ UTRECHT

R.F.A.

Holzgraben 1-3
AACHEN

Karlsstrasse 15,
8900 AUGSBURG

Im Kadewe,
Tauentzienstr 21-24,
1000 BERLIN 30

Niedernstrasse 14,
4800 BIELEFELD

Sogestrasse 54,
2800 BREMEN 4

Hohestrasse 160-168,
5000 COLOGNE

Hunsruckenstrasse 43,
4000 DUSSELDORF

Goethestrasse 3,
6000 FRANKFURT AM MAIN

Neuer Wall 73-75,
2000 HAMBURG

Georgestrasse 36,
3000 HANNOVER

Kaiserstrasse 187,
7500 KARKSTUHE

Ludgeriestrasse 79,
4400 MUENSTER

Sendlingerstrasse 37,
8000 MUNICH

Ludwigplatz 7,
3500 NUERNBERG

Breite Strasse 2,
700 STUTTGART

Langgasse,
6200 WIESBADEN

ROYAUME-UNI

191-197 Union Street,
ABERDEEN

10 Hale Leys,
AYLESBURY

The Bear Inn,
Market Place,
BANBURY

Winchester Road,
BASINGSTOKE
(Sainsbury's Homebase)

The Old Red House,
8-9 New Bond Street,
BATH

Pines Way,
BATH
(Sainsbury's Homebase)

75 High Street,
BEDFORD

14-16 Priory,
Queensway,
BIRMINGHAM

147 New Street,
BIRMINGHAM
(Clothes only)

80 Old Christchurch Road,
BOURNEMOUTH

762 Harrogate Road,
BRADFORD
(Sainsbury's Homebase)

Ashley Road,
Parkstone,
BRANKSOME,
Poole
(Sainsbury's Homebase)

45 East Street,
BRIGHTON

62 Queens Road,
Clifton
BRISTOL

39 Broadmead,
BRISTOL

1 The Lexicon Cornhill,
BURY ST EDMUNDS

14 Trinity Street,
CAMBRIDGE

41-42 Burgate,
CANTERBURY

5 High Street,
CARDIFF

Colchester Avenue,
off Newport Road,
Roath,
CARDIFF
(Sainsbury's Homebase)

3-4 Grapes Lane,
CARLISLE

10-13 Grays Brewery Yard,
Springfield Road,
CHELMSFORD

100 The Promenade,
CHELTENHAM

17-19 Watergate Row,
CHESTER

32 North Street,
CHICHESTER

1 Trinity Square,
CHICHESTER

St Andrews Avenue,
COLCHESTER
(Sainsbury's Homebase)

Junction Fletchampstead
Highway & Sir Henry
Parks Road,
COVENTRY
(Sainsbury's Homebase)

Stadium Way,
CRAYFORD
(Sainsbury's Homebase)

8 Albert Street,
DERBY

129-131 Terminus Road,
EASTBOURNE

137 George Street,
EDINBURGH

126 Princes Street,
EDINBURGH

41-42 High Street,
EXETER

The Barn,
Lion & Lamb Yard,
FARNHAM

Metro Centre,
GATESHEAD

84-90 Buchanan Street,
GLASGOW

215 Sauchiehall Street,
GLASGOW

St Oswalds Road,
GLOUCESTER
(Sainsbury's Homebase)

Old Cloth Hall,
North Street,
GUILDFORD

3-5 James Street,
HARROGATE

3-4 Middle Street,
HORSHAM

Priory Sidings,
Sainsbury Way,
Hesle Road,
Hessle,
HULL
(Sainsbury's Homebase)

Felixstowe Road,
IPSWICH
(Sainsbury's Homebase)

17 Buttermarket,
IPSWICH

108 The Parade,
LEAMINGTON SPA

Church Institute,
9 Lands Lane,
LEEDS

King Lane,
Moortown,
LEEDS
(Sainsbury's Homebase)

6 Eastgate,
LEICESTER
(Sainsbury's Homebase)

30 Great Oak Street,
LLANIDLOES

19-23 Cavern Walks,
Matthew Street,
LIVERPOOL

LONDON :
256-258 Regent Street,
Oxford Circus,
LONDON W1

35-36 Bow Street,
LONDON WC2

7-9 Harriet Street,
LONDON SW1

71-73 Lower Sloane Street,
LONDON SW1
(Decorator Showroom)

157 Fulham Road,
LONDON SW3

D6/V13 Brent Cross Shopping-Centre,
BRENT CROSS,
London NW4

90-92 High Street,
BROMLEY

10 Beckenham Hills Road,
CATFORD,
London SE6
(Sainsbury's Homebase)

11 Drummond Place,
CROYDON

66A Purley Way,
CROYDON
(Sainsbury's Homebase)

Unit 17,
Waterglade Centre,
EALING,
London W5

36-37 High Street,
HAMPSTEAD,
London NW3

Rookery Way,
The Hyde,
HENDON,
London NW9
(Sainsbury's Homebase)

714-720 High Road,
Seven Kings,
ILFORD
(Sainsbury's Homebase)

Macmillan House,
The Old Town Hall,
KENSINGTON,
London W8

32-33 Market Place,
KINGSTON-UPON-THAMES

229-253 Kingston Road,
NEW MALDEN
(Sainsbury's Homebase)

3 Station road,
NEW SOUTHGATE,
London W8
(Sainsbury's Homebase)

45 Oakfield Road,
off Penge High Street,
PENGE,
London SE20
(Sainsbury's Homebase)

3-4 Times Square,
SUTTON

68 George Street,
RICHMOND

2C Fulborne Road,
WALTHAMSTOW,
London E17
(Sainsbury's Homebase)

473 High Street,
WILLESDEN,
London NW10
(Sainsbury's Homebase)

8-10 King Street,
MAIDSTONE

28 King Street,
MANCHESTER

48 Linthorpe Road,
MIDDLESBROUGH

40-42 Midsummer Arcade,
MILTON KEYNES

45 High Street,
NEWCASTLE-UNDER-LYME

8 Nelson Street,
NEWCASTLE-UPON-TYNE

Victoria Promenade,
NORTHAMPTON
(Sainsbury's Homebase)

19 London Street,
NORWICH

58 Bridlesmith Gate,
NOTTINGHAM

Castle Marina Park,
Castle Boulevard,
NOTTINGHAM
(Sainsbury's Homebase)

50 Halesowen Street,
OLDBURY
(Sainsbury's Homebase)

26-27 Cornmarket,
OXFORD

26-27 Little Clarendon Street,
OXFORD

189-191 High Street,
PERTH

Unit 90,
Queensgate Centre,
PETERBOROUGH

The Armada Centre,
PLYMOUTH

Claydon's Lane,
RAYLEIGH WEIR
(Sainsbury's Homebase)

75-76 Broad Street,
READING

50 Kenavon Drive,
READING
(Sainsbury's Homebase)

13 Market Place,
ST ALBANS

49-51 New Canal,
SALISBURY

87 Pinstone Street,
SHEFFIELD

65 Wyle Cop,
SHREWSBURY

2 Above Bar Church,
High Street,
SOUTHAMPTON

Lordshill Shopping Centre,
SOUTHAMPTON
(Sainsbury's Homebase)

107 High Street,
SOUTHEND

465-467 Lord Street,
SOUTHPORT

41-42 Henley Street,
STRATFORD-UPON-AVON

Unit 4,
164 The Parade,
Grace Church Centre,
SUTTON COLDFIELD

Quay Parade,
SWANSEA
(Sainsbury's Homebase)

19E Regent Street,
SWINDON

2-4 High Street,
TAUNTON

19-21 High Street,
TENTERDEN

61 Calverley Road,
TUNBRIDGE WELLS

Ing's Road,
WAKEFIELD
(Sainsbury's Homebase)

Junction Bradford
& Midland Road
WALSALL
(Sainsbury's Homebase)

Sturlas Way,
WALTHAM CROSS
(Sainsbury's Homebase)

50 Halesowen Street,
WARLEY
West Midlands

Unit 3,
1-7 The Parade,
High Street,
WATFORD

114 St Albans Road,
WATFORD
(Sainsbury's Homebase)

17 Grove Street,
WILMSLOW

10 The Square,
WINCHESTER

32 Peascod Street,
WINDSOR

Crown Passage,
Broad Street,
WORCESTER

Hylton Road,
WORCESTER
(Sainsbury's Homebase)

Unit 28,
Vicarage Walk,
Quedam Centre,
YEOVIL

7 Daveygate,
YORK

Junction Monkgate/Foss Bank,
YORK
(Sainsbury's Homebase)

SUISSE

Stadhausgasse 18,
4051 BASEL

8 Rue Verdaine,
1204 GENEVA

Augustinergasse 21,
8001 ZURICH

Augustinergasse 42-44,
ZURICH

STOCKS

18 Ioannou Metaxa Street,
Glyfada,
ATHENS,
Greece

28 Herodotou Street,
10673 Kolonaki,
ATHENS,
Greece

Engen 51,
5000 BERGEN,
Norway

P.O. Box 7910,
Sheikh Rashid Building,
Zabeel Road,
DUBAI,
United Arab Emirates

29 Wyndham Street,
Central,
HONG KONG

Riddervoldsgate 10B,
OSLO 2,
Norway

De Gruchys,
King Street,
ST HELIER,
Jersey

36 Le Bordage,
ST PETER PORT,
Guernsey

300-301 Eachon-Dong,
Yongssan-Kij,
SEOUL,
South Korea

Yliopistonkatu 33,
SF 20100 TURKU 10,
Finland

BIBLIOGRAPHIE

Aslet Clive, *The Last Country Houses,* Yale, 1982.
Austen Jane, *Raison et sentiments ; Persuasion.*
Bel Geddes, *Horizons,* Little Brown, 1932.
Blake J. et Reveirs Hopkins A., *Le Meuble anglais,* 4 vol., Paris, 1923-1924.
Campbell Colen, *Vitruvius Britannicus,* 1715.
Chambers William, *Treatise on Civil Architecture,* 1759.
Clark Kenneth, *The Gothic Revival,* Constable, 1928.
Dumonthier E., *Étoffes et tapisseries d'ameublement. Le mobilier national,* Paris, 1928.
Fleet S., *Horloges et pendules,* Paris, 1962.
Flemming E., *Les Tissus,* Paris, 1928.
Focillon H., *Art d'Occident,* Paris, 1938.
Fry Roger, *Letters.* Éd. Denys Sutton, Chatto & Windus, 1972.
Guerrand R., *L'Art nouveau en Europe,* Paris, 1963.
Harcourt Smith Simon, *The Last of Uptake,* Batsford.
Hope Thomas, *Household Furniture and Interior Decoration,* 1807.
Huysmans J.K., *A Rebours,* 1884.
Jarry M., *La Tapisserie des origines à nos jours,* Paris, 1968.
Jones Owen, *The Grammar of Ornament,* Londres ; trad. : *Grammaire de l'ornement.*
Kimball F., *The Creation of the Rococo,* Philadelphie, 1943.
Lancaster Osbert, *Pillar to Post,* John Murray, 1938 ; *Here of All Places,* 1959.
Larsson Carl, *Åt Solsidan (La Maison au soleil).*
Le Corbusier, *Vers une Architecture,* 1923.
MacInnes Colin, *Les Blancs-becs,* Folio.
Maciver-Percival, *Décor intérieur et meubles de la maison anglaise, 1660-1800,* Paris, 1912.
Migeon G., *Les Arts du tissu,* Paris, 1929.
Morphet Richard, *The Significance of Charleston, Apollo.* Nov. 1976.
Mourey G., *L'Art décoratif (Histoire générale de l'art français de la Révolution à nos jours,* t. III), Paris, 1922.
Muthesius Herman, *Das Englische Haus,* 1904.
Nelson George, *Tomorrow's House,* 1950.
Palladio Andrea, *I quattro libri dell'architectura,* 1715.
Rouaix P., *Dictionnaire des arts décoratifs,* 2 vol., Paris, vers 1900.
Roux A., *Les Tissus d'art,* Paris, 1931.
Ruskin John, *Modern Painters,* Smith & Elder, 1846 ; trad. : *Les Peintres modernes.*
Savage G., *Histoire de la décoration intérieure,* Paris, 1967.
Schmutzler R., *Art nouveau (Jugendstil),* Stuttgart, 1962.
Snodin Michael, *Rococo,* Trefoil, 1984.
Spalding France, *Vanessa Bell,* Weidenfeld & Nicolson, 1983.
Suétone, *Vies des douze césars,* Folio.
Tschudi Madsen S., *L'Art nouveau,* Paris, 1967.
Waugh Evelyn, *Une poignée de cendres* et *Retour à Brideshead,* 10/18.
Wharton Edith et Ogden Codman, *The Decoration of Houses,* New York, 1897.

REMERCIEMENTS

Toutes les photographies reproduites dans cet ouvrage proviennent des archives Laura Ashley à l'exception de :

P. 14 Henry Sylvester Stannard, *Sailing the Boat (Promenade en bateau).* Fine Art Photographic Library.

15 S. Hayllar, *May Day.* Fine Art Photographic Library.

16 W. Ackerman, la *Royal Lodge* de George IV dans le Grand Parc de Windsor. Windsor Castle Royal Library, Her Majesty the Queen.

17 Laiterie dessinée par Sir John Soane. Victoria and Albert Museum, Londres (Photo Angelo Hornak).

18 Frederick Daniel Hardy, *The Foreign Guest.* Fine Art Phographic Library.

19 Broderie du XIXe siècle. Norfolk Museums Service (Strangers' Hall Museum, Norwich).

20 *Jasmine Trellis :* papier peint de William Morris. Victoria and Albert Museum, Londres (Archives Weidenfeld & Nicolson).

21 La salle à manger londonienne de Burne-Jones. Aquarelle de T.M. Rooke. Mary Ryde (Archives Weidenfeld & Nicolson).

22 Walter Crane. Frontispice pour *The House Beautiful,* 1896. Victoria and Albert Museum, Londres (Bridgeman Art Library).

23 Création de Charles Voysey réalisée par G.P. and J. Baker Ltd. Victoria and Albert Museum, Londres (Bridgeman Art Library).

24 En haut à gauche : Carl Larsson. National Museum, Stockholm (Photo Statens Konstmuseer).
En haut à droite : M. Grösser. Salon viennois. Historisches Museum der Stadt Wien, Vienne.
En bas de page : chaise peinte du XIXe siècle. Pennsylvanie. The American Museum in Britain. Bath.

25 En haut : couverture de *The Craftsman.* Vol. V, janvier 1904. Victoria and Albert Museum, Londres. Archives Weidenfeld & Nicolson. (Photo Eileen Tweedy). En bas : courtepointe de la mariée. The American Museum in Britain. Bath.

26 Photographies provenant de *Year Book of Decorative Art.* The Studio. 1919.

27 Maquette de cuisine exécutée par Waring et Gillow pour *The Book of Home,* vol. II, éd. Mrs C.E. Humphry. 1914.

50 Tapisserie du XVIIIe siècle. Royal Scottish Museum. Édimbourg.

51 À gauche : sculpture sur bois de Grinling Gibbons.
Petworth House. Sussex. Archives Weidenfeld & Nicolson.
À droite : David Cox : la galerie de Hardwick Hall.
Trustees of the Chatsworth Estate (Photo Angelo Hornak).

52 John Zoffany : *Queen Charlotte in her Dressing-Room in Buckingham House.*
Avec l'aimable autorisation de Sa Majesté La Reine.

54 En haut : Ditchley Park, Oxfordshire. Réalisation de William Kent.
En bas de page : coupe d'une maison du XVIIIe siècle
réalisée par John Yenn. 1774. The Royal Academy of Arts, Londres.

55 En haut de page : plafond de la *Fishing House* réalisé par Robert Adam
à Kedleston Hall, dans le Derbyshire, aux environs de 1768. Document
gracieusement prêté par le Kedleston Hall Appeal/The National Trust.
En bas de page : réalisation de Robert Adam pour l'un des murs
d'une bibliothèque, Kedleston Hall, Derbyshire. 1768. Document
gracieusement prêté par le Kedleston Hall Appeal/The National Trust.

56 En haut : le Corridor du pavillon du régent à Brighton.
Création de John Nash en 1815 (Photo Angelo Hornak).
En bas : *The Blue Velvet Closet.* Carlton House. Londres.
Dessin de C. Wild. Gravure de R. Reeve. Guildhall Library.
Londres (Bridgeman Art Library).

58 W.H. Bartlett. *The Boudoir, The Deepdene, Surrey.* Création de Thomas Hope.
Lambeth Archives Department (Photo M.D. Trace).

59 En haut : Knighthayes. Façade nord. 1867 environ. The National Trust.
En bas : châle de Paisley du XIXe siècle. Victoria and Albert Museum. Londres.

60 Illustration de *Interior Woodwork.* 1910 environ. Dessin de style néo-georgien.
Victoria and Albert Museum. Londres.

61 Illustration tirée de l'ouvrage *Nouveaux modèles de tentures, Décorations de fenêtres,* par Ernest Foussier. Paris, 1900.
Victoria and Albert Museum. Londres.

84 John Edward, *A Collection of Flowers drawn after Nature.* 1783-1785.
Archives Weidenfeld & Nicolson.

85 Samuel Rayner : chambre à coucher d'un hôtel particulier. 1855 environ.
Archives Weidenfeld & Nicolson.

86 En haut : cabinet vert de Ham House, dans le Surrey.
Victoria and Albert Museum, Londres.
En bas : le Grand Salon de l'Amalienburg.
Réalisation François Cuviliés. 1739 (Photo Angelo Hornak).

87 En haut : Antoine Watteau, *La Gamme d'Amour.*
The National Gallery, Londres.
En bas : motif pour damas broché. 1744.
Victoria and Albert Museum, Londres.

88 John Carter, *The Holbein Chamber at Strawberry Hill,*
tiré de *A description of the Villa* de Horace Walpole. 1784.
Document gracieusement prêté par la Lewis Walpole Library, Yale University.

89 À gauche : rebord de fenêtre à la gothique (Photo Fritz von der Schulenburg).
À droite : extrémité sud de la Galerie Saint-Michel de Fonthill Abbey
dans le Wiltshire, tirée de *Illustrations... of Fonthill Abbey, Wiltshire*
de John Britton. 1823. Clive Wainwright.

90 Un intérieur signé George Logan tiré de *Documents d'architecture moderne.*
1903 environ. Victoria and Albert Museum. Londres.

91 Cotonnade anglaise. 1899. Victoria and Albert Museum. Londres.

92 En haut : Knut Ekwald, *Consolation.* Fine Art Photographic Library.
En bas : François-Étienne Villeret, *Dressing-Room with a Tented Ceiling.* 1848.
Document gracieusement prêté par Hazlitt, Gooden et Fox.

93 En haut : David Roos, la chambre à coucher de Faye Dunaway.
1985. Document gracieusement prêté par David Roos.
En bas : Rex Whistler, peinture murale réalisée pour la salle à manger
de Plas Newydd, Anglesey (Photographie de John Bethell).

116 John S. Goodall, *A Georgian House.* Christopher Wood Gallery.
Londres (Bridgeman Art Library).

118 Maison de poupée réalisée par Chippendale à Nostell Priory
dans le West Yorkshire. The National Trust (Photo Angelo Hornak).

118-119 Charles Philips, *A Tea Party at Lord Harrington's House.* 1730.
Yale Center for British Art, collection Paul Mellon.

119 John Collett, *Covent Garden, Piazza and Market.* ET Archive.

120 En haut : William Verelst, *Sir Henry Gough and his Family.*
Collection privée/Victoria and Albert Museum. Londres.
En bas : William Hogarth, *The Graham Children.* The National Gallery. Londres.

121 En haut : Giuseppe Grisoni, *A Masquerade at the King's Opera House in the Haymarket.* 1720 environ. Victoria and Albert Museum. Londres.
En bas : Richard Roper. Scènes de chasse.
Document gracieusement prêté par Sotheby's. Londres.

122 En haut : Theodore Le Brun. The Metropolitan Museum of Art.
Donation Anne Stern, 1979.
En bas : J.C. Nattes, *Sydney Gardens, Bath.* Victoria Art Bath
(Bridgeman Art Library).

123 Deux aquarelles provenant de *Humphry Repton's Fragments on the Theory of Landscape Gardening.* 1816. British Library.
Archives Weidenfeld & Nicolson (Photo Eileen Tweedy).

124 La reine Victoria et le prince Albert en compagnie du roi Louis-Philippe dans le salon du train royal. Guidhall Library
(Archives Weidenfeld & Nicolson).

124-125 École anglaise, *A Morning Room.* XIXe siècle. Fine Art Photographic Library.

126 En haut : Worthington Whittredge, *Window on the Hudson.* 1863. New York
Historical Society (ET Archive).
En bas : Eastman Johnson, *The Hatch Family.* 1871. The
Metropolitan Museum of Art, Donation Frederic H. Hatch, 1926 (26.97).

127 Illustration tirée de *Décorations intérieures peintes* de César Daly.
Victoria and Albert Museum. Londres.

128 Derek Patmore, *Colour Schemes and Modern Furniture.* 1945.
Le salon de musique. Victoria and Albert Museum, Londres.
Archives Weidenfeld & Nicolson (Photo Eileen Tweedy).

129 En haut : la salle à manger, Charleston, Sussex. Derry Moore.
En bas : le salon, Charleston, Sussex. Derry Moore.

135 En haut : la famille Ruspoli.
Document gracieusement prêté par le prince Alessandro Ruspoli.

140 En haut : Robert Smirke, *Madame Récamier Bedchamber,* Royal Institute of British Architects. Londres. Drawings Collection (Collection de dessins).

152 Georges Lepape, planche tirée de *Les choses de Paul Poiret.* Paris. 1911.
Victoria and Albert Museum. Londres.

153 Dessin de Hans Heller tiré de *Moderne Bauformer.* Stuttgart. 1905 environ.
Victoria and Albert Museum. Londres.
Archives Weidenfeld & Nicolson (Photo Eileen Tweedy).

155 En haut : la salle à manger de feu Martin Battersby. Derry Moore.
En bas : une table signée Ruhlmann dans l'appartement de Martin Battersby.
Derry Moore.

156 Escalier dans la demeure de Patrick Gwynne. Derry Moore.

156-157 *Modern Interiors in Colour.* 1930. Boudoir réalisé par W. Gutmann, Francfort.
Victoria and Albert Museum. Londres.
Archives Weidenfeld & Nicolson (Photo Eileen Tweedy).

157 Le salon de Patrick Gwynne. Derry Moore.

158 Couverture du catalogue pour le *Festival of Britain.* 1951.
Design Council Picture Library.

159 Le salon d'une demeure de Knightsbridge, Londres. Derry Moore.

161 À gauche : David Hockney, *Mr and Mrs Ossie Clarke and Percy.*
The Tate Gallery. Londres.

162 Arrangement de David Hicks. David Hicks International.

162-163 Le salon de Nancy Lancaster. Avery Row, Londres. Derry Moore.

Par ailleurs, Laura Ashley aimerait également remercier :
C. John (Rare Rugs) Ltd, 70 South Audley Street, Londres WIY 5FE,
pour le tapis d'Aubusson présenté p. 132.

INDEX

Les numéros de page en italique renvoient aux légendes.

LE STYLE LAURA ASHLEY